AYUNO

DE

ROMPIMIENTO

AYUNO

DE

ROMPIMIENTO

ACCEDIENDO AL PODER DE DIOS

GUILLERMO MALDONADO

W

WHITAKER
HOUSE
Español

A menos que se indique lo contrario, todas las citas bíblicas han sido tomadas de la versión *Santa Biblia, Reina-Valera 1960*, © 1960 Sociedades Bíblicas en América Latina; © renovado 1988 Sociedades Bíblicas Unidas. Usada con permiso. Las citas bíblicas marcadas (nvi) han sido tomadas de la *Santa Biblia, Nueva Versión Internacional, nvi*®, © 1986, 1999, 2015 por Biblica, Inc.® Usada con permiso. Derechos reservados en todo el mundo. La cita bíblica marcada (nkjv) ha sido tomada del *New King James Version*, © 1979, 1980, 1982, 1984 by Thomas Nelson, Inc. Usada con permiso. La cita bíblica marcada (ampc) ha sido traducido de *The Amplified® Bible, Classic Edition*, © 1954, 1958, 1962, 1964, 1965, 1987 by The Lockman Foundation. Usada con permiso. (www.Lockman.org). Todos los derechos reservados.

El texto en negrita en las citas bíblicas representa el énfasis del autor. Las formas Señor y Dios (escritas en mayúsculas pequeñas) en las citas bíblicas, aluden al nombre hebreo de Dios Yahweh (Jehová), mientras que Señor y Dios escrito normalmente indican el nombre Adonai, según la versión de la Biblia usada.

Las definiciones de las palabras en hebreo y griego están tomadas de la versión electrónica de *Strong's Exhaustive Concordance of the Bible*, strong (© 1980, 1986, y asignadas a World Bible Publishers, Inc. Usadas con permiso. Todos los derechos reservados.), *Vine's Complete Expository Dictionary of Old and New Testament Words* (Nashville, TN: Thomas Nelson, Inc., 1996), o *Nueva Concordancia Strong Exhaustiva*, © 2002 por Editorial Caribe, Inc., Nashville, TN.

Todas las demás definiciones de palabras están tomadas de WordReference.com, © 2018, en combinación con *Merriam-Webster.com*, 2018, http://www.merriam-webster.com y OxfordDictionairies.com, Oxford University Press, © 2018.

Diseño de portada: Caroline Pereira

Ayuno de rompimiento: Accediendo al poder de Dios

Guillermo Maldonado
14100 SW 144th Ave. • Miami, FL 33186
Ministerio Internacional El Rey Jesús / ERJ Publicaciones
www.elreyjesus.org / www.ERJPub.org

ISBN: 978-1-64123-166-4 • eBook ISBN: 978-1-64123-170-1
Impreso en los Estados Unidos de América
© 2018 por Guillermo Maldonado

Whitaker House
1030 Hunt Valley Circle • New Kensington, PA 15068
www.whitakerhouse.com

1 2 3 4 5 6 7 8 9 10 11 **UJ** 25 24 23 22 21 20 19 18

CONTENIDO

Prefacio: ¡Reciba con expectativa! 7

Introducción: Tiempos de Restauración 9

1. Introducción al ayuno 15

2. Lo que verdaderamente es el ayuno.............................27

3. El cordón de tres dobleces: ayunar, dar y orar 45

4. Apropiándonos del poder a través del ayuno 55

5. Los resultados del ayuno...73

6. Aumentando su percepción espiritual 89

7. El ayuno provoca rompimiento...................................103

8. Pasos prácticos para ayunar 117

Acerca del autor 127

PREFACIO:
¡RECIBA CON EXPECTATIVA!

Puedo ver a Dios obrando en usted de manera extraordinaria a medida que lee este libro y lo aplica a su vida. Quizá el ayuno le resulte algo nuevo, o tal vez ya sea parte de su estilo de vida. De cualquier manera, usted empezará a darse cuenta que...

+ El ayuno no es privarse de alimentos, sino expandir su capacidad de recibir y desatar la presencia y el poder del Espíritu.

+ El ayuno no es estar físicamente hambrientos, sino estar espiritualmente hambrientos de Dios para poder ser llenos de la vida que verdaderamente satisface.

+ El ayuno no es perder en lo natural, sino ganar en lo sobrenatural.

Yo puedo dar testimonio del poder del ayuno. Muchos rompimientos que he visto en mi vida personal, ministerio y finanzas han venido a través de la oración y el ayuno. Por esta razón, le pido que reciba esta enseñanza con *expectativa*. La expectativa viene cuando hacemos lo que la Biblia nos pide que hagamos. Si usted hace su parte, puede esperar que Dios actúe a su favor, no como un "pago", sino como un regalo de Su gracia y poder. Viva con la expectativa de ser transformado por Dios y de ser usado como una vasija de Su poder sobrenatural, a medida que aprende cómo entrar en un *Ayuno de Rompimiento*.

INTRODUCCIÓN:
TIEMPOS DE RESTAURACIÓN

El poder espiritual del ayuno

Si los creyentes de hoy entendieran el poder espiritual del ayuno ¡lo practicarían más! Muchos no entienden lo que el ayuno significa para Dios y lo que puede hacer en sus propias vidas. La palabra de Dios otorga gran énfasis al tema del ayuno y, desde los primeros tiempos hasta el presente, nos muestra con ejemplos el poder del ayuno en las vidas de los creyentes. Sin embargo, hoy el cuerpo de Cristo ha descuidado esta práctica en gran medida. Esta es una de las razones por las cuales la iglesia en general carece de poder; por eso mismo, ocurren pocos milagros, señales, sanidades, liberaciones y otras manifestaciones de lo sobrenatural que transforma vidas.

¿Por qué el ayuno ha sido esencialmente abandonado por el pueblo de Dios? Existen varias razones. Una de ellas es que la mayoría de nosotros vivimos con horarios sobrecargados; hacemos tantas cosas en un solo día que a menudo descuidamos las que son prioritarias. Otra es simplemente la falta de motivación. No obstante, creo que una de las razones más significativas es la aceptación generalizada de la perspectiva de la "hiper-gracia" en la iglesia. Según ese punto de vista, como ya Cristo nos redimió y venció a Satanás, nada más tenemos que hacer para contribuir a nuestro crecimiento y salvaguarda espiritual. ¡Pero esto no es lo que nos enseña Jesús!

¡Si los creyentes de hoy entendieran el poder espiritual del ayuno, lo practicarían más!

Es cierto que podemos recibir todos los beneficios que Cristo ganó para nosotros en la cruz. Sin embargo, por medio de la fe debemos apropiarnos de Su provisión y aplicarla a cada aspecto de nuestra vida. Además, como sacerdotes de Dios tenemos la responsabilidad de ofrecerle sacrificios espirituales de oración y ayuno con el fin de avanzar Sus propósitos en el mundo y en nuestras vidas. (Acerca de estos temas hablaremos con mayor detalle en los próximos capítulos). Debemos volver a la intención original de Dios para la iglesia, convirtiéndonos en un pueblo que puede manifestar Su amor y Su poder en el mundo. La única forma como podemos hacer esto es volviendo tanto a la oración como al ayuno.

Nuestra necesidad de ayunar y orar se ha intensificado

Además, en este tiempo de la historia de la humanidad, vivimos en medio de agitación y revolución, tanto en el mundo natural como en la esfera espiritual. A medida que se acerca la segunda venida del Señor, estamos lidiando con poderes demoniacos que nunca antes se habían visto en la tierra. Debido a esto, nuestra necesidad de orar y ayunar se ha intensificado, porque solo así podremos estar preparados para confrontar y vencer las fuerzas destructivas del enemigo.

Según esto, estamos viviendo *"los tiempos [proféticos] de la restauración de todas las cosas"*.

Así que, arrepentíos y convertíos, para que sean borrados vuestros pecados; para que vengan de la presencia del Señor tiempos de refrigerio, y él envíe a Jesucristo, que os fue antes anunciado; a quien de cierto es necesario que el cielo reciba **hasta los tiempos de la restauración de todas las cosas,** *de que habló Dios por boca de sus santos profetas que han sido desde tiempo antiguo.*   (Hechos 3:19–21)

La palabra *restaurar* significa "volver algo a su posición o condición anterior". Es retornarlo a su intención original. En estos últimos tiempos, Dios quiere restaurar la relación de intimidad que la iglesia tenía con Él y empoderarla en Su Espíritu para que pueda llevar a cabo Sus propósitos: difundir el evangelio del reino por todo el mundo, trayendo salvación, sanidad, liberación y abundancia. Esta restauración causará una agitación en la iglesia por volver a vivir por el Espíritu, sin tener que confiar en nuestras propias fuerzas y técnicas a fin de servir a Dios y prepararnos para la segunda venida de Cristo.

El libro del profeta Joel describe la restauración de todas las cosas en los últimos tiempos e involucra tanto a Israel como a la iglesia. En los capítulos 1 y 2, el profeta describe la desolación de Israel y llama al arrepentimiento y al ayuno. Luego, hacia el final del capítulo 2, leemos esta palabra del Señor acerca de la restauración: "*Y os restituiré los años que comió la oruga, el saltón, el revoltón y la langosta, mi gran ejército que envié contra vosotros*" (Joel 2:25). El tercer y último capítulo muestra a Dios juzgando a las naciones y bendiciendo a Su pueblo.

Los *"tiempos de restauración de todas las cosas"* incluyen un retorno a la oración y al ayuno.

¿Cuál es nuestra responsabilidad en los planes de Dios para la restauración? Las promesas de Dios requieren nuestra cooperación personal por medio de la oración y el ayuno. De nuevo, el ayuno es una herramienta esencial para ser empoderados por el Espíritu; nos permite experimentar rompimientos en el ámbito espiritual, especialmente cuando lo incorporamos como parte integral de nuestro estilo de vida. Como escribí en mi libro *Oración de Rompimiento*, "con el rompimiento, lo que necesitamos viene del mundo espiritual al mundo natural, y podemos verlo en una demostración visible y tangible del poder o la provisión de Dios". Este principio de la necesidad de orar y ayunar aplica no solo a la restauración en una escala global, sino también a la restauración de nuestras propias vidas, ahora mismo, por el poder y la provisión de Dios. Aplica en nuestra vida personal, matrimonio, familia, finanzas, ministerio, pero también en cualquier otra cosa que necesite ser sanada, reparada o recibir nueva vida.

La oración y el ayuno como un estilo de vida

En *Ayuno de Rompimiento*, usted descubrirá cómo el ayuno le brinda acceso a la presencia de Dios. Este libro proporciona una revelación de la Palabra de Dios que cambia vidas, y muchos testimonios personales sobre el poder del ayuno. Aprenderá qué es exactamente el ayuno, los diferentes tipos de ayuno y sus beneficios, cómo ayunar efectivamente, cómo obtener y aumentar el poder espiritual por medio del ayuno, así como pautas y pasos específicos para hacer que el ayuno forme parte de su estilo de vida. El valor del ayuno es incalculable en su relación con Dios y para Sus propósitos en el mundo. Conviértalo en un estilo de vida a partir de hoy. Jesús dijo, *"Tu Padre que ve [tu ayuno] en lo secreto te recompensará en público"* (Mateo 6:18).

1

INTRODUCCIÓN AL AYUNO

El ayuno es una de las claves para entrar en la presencia de Dios porque nos permite enfocarnos exclusivamente en nuestra relación con Él. En cierta ocasión, después de haber adorado a Dios durante una hora completa, sentí algo dentro de mí que nunca había sentido. Así que le dije al Señor: "Sentí como si algo pesado hubiera venido sobre mí, algo que no puedo describir. ¿Qué es?" Él me respondió, "Un fluir de poder ha entrado a tu espíritu". Yo respondí, "¿Qué quieres decir? Yo no lo pedí". Y Él me dijo, "Cuando tienes una relación cercana conmigo no hace falta que lo pidas".

Desde el momento que Dios creó a los seres humanos, Su deseo ha sido tener una relación en la que Él pueda hacerse uno con nosotros. Nuestra comunión con Él es un reflejo de la relación matrimonial, tal como Él la diseñó, en la cual las parejas se hacen una sola carne. En la iglesia de hoy, muchos creyentes carecen de una relación estrecha, fuerte y continua con el Señor, donde puedan recibir Su vida de forma continua. ¿El resultado? *Sin relación no hay poder.*

La realidad espiritual es esta: Dios antes de confiarnos Su poder, quiere que tengamos una relación con Él. A menos que entendamos que la plenitud de nuestra vida cristiana depende de la unidad que mantengamos con el Señor, no tendremos acceso a Su poder sobrenatural. *Todos* los aspectos de Su poder vienen a través de nuestra unión con Él. De nuestro interior no podrá fluir el poder de Dios si estamos inmaduros, desinformados, secos o estancados en nuestra relación con Dios. Por eso, yo siempre busco mantener internamente una atmósfera y actividad espirituales, las cuales recibo a través de mi continua comunión con el Padre celestial.

La realidad espiritual es esta: antes de confiarnos Su poder, Dios quiere que tengamos una relación con Él.

Una relación presente y continua

Cuando recibimos a Jesús como nuestro Salvador y Señor, nos comprometemos a darle nuestra vida a Dios. Pero debemos darnos cuenta que esto es solo el comienzo de nuestra relación con el Padre. Allí no termina. Piense en sus relaciones humanas más cercanas: ¿Acaso para mantenerlas no tiene usted que invertir en ellas, haciendo un compromiso de amor, tiempo y otros recursos? ¿Qué aporta usted a sus relaciones actuales? ¿Es un dador o uno que solo espera recibir? Cuando tenemos una relación con Dios en la cual le ministramos, pero al mismo tiempo recibimos de Él —una relación presente y continua— siempre tendremos acceso a una fuente de fuerza y poder espirituales.

Como creyentes, todos estamos llamados a buscar una relación más profunda, fuerte, progresiva, continua e intensa con nuestro Padre celestial; yendo tras Él con todo nuestro corazón y siendo llenos de Su Espíritu. Tengamos sed y hambre de Él, alineémonos estrechamente a Su voluntad y recibamos revelación y conocimiento fresco de Él conforme a Su Palabra. A medida que estemos más cerca de nuestro Padre celestial, más fructíferos y productivos seremos para Su reino.

Poder residente y poder activo

Cuando Dios me habló acerca del poder que había entrado en mi espíritu durante la adoración, también me dijo, "Eso solo fue el poder entrando; ahora, necesita salir de ti". Esa entrada de poder no es solo para mi beneficio, sino para cumplir el propósito de ministrar el poder de Dios a otros. Si es un creyente, ya tiene el poder de Dios en usted, por medio del Espíritu Santo que habita en su interior. Eso es lo que llamamos el "poder residente" de Dios. Así que, cuando honra y adora al Señor, poniéndolo primero en Su vida por medio de la oración, el ayuno y la obediencia, Él agitará el poder que está en usted. Ese es Su "poder activo"; y Su poder activo debe ser desatado.

De nuestra relación con Dios se originan varios tipos de poder activo, incluyendo el poder de autoridad y el poder para hacer milagros. Por ejemplo, Mateo 10:1 dice, *"Entonces llamando [Jesús] a sus doce discípulos, les dio autoridad sobre los espíritus inmundos, para que los echasen fuera, y para sanar toda enfermedad y toda dolencia".* La palabra griega *exousia*, que se traduce aquí como *"autoridad"*, también es traducida como "poder" y por lo general se refiere al poder de autoridad, o al derecho legal para ejercerlo. Dicho poder, solo puede venir gracias a una relación genuina con Dios.

Hechos 1:8 dice, *"Recibiréis poder, cuando haya venido sobre vosotros el Espíritu Santo, y me seréis testigos en Jerusalén, en toda Judea, en Samaria, y hasta lo último de la tierra".* Aquí, la palabra griega que se traduce como *"poder"* es *dunamis*, la cual se refiere al poder para hacer milagros, el cual es activado por la fe. Nuestra oración y ayuno en sí mismos no desatan poder, pero nuestra fe sí logra desatar tal fluir de poder, el cual viene como producto de orar y ayunar en la presencia de Dios.

Por lo tanto, aunque todos tenemos el "poder residente" de Dios, gracias a que el Espíritu Santo vive en nosotros, todavía tenemos la tarea de aprender a apropiarnos de ese poder, de manera que sea agitado y pueda fluir desde nuestro interior para hacer la voluntad del Padre, y suplir las muchas necesidades que hay en el mundo. Aquí retornamos al corazón del asunto: el poder que reside en nosotros se activa por *relación*. Es más, una relación continua con nuestro Padre nos lleva a tener un *poder activo continuo.*

Nuestra fe desata la entrada de poder que viene a través de orar y ayunar en la presencia de Dios.

La ley del intercambio

En nuestra relación divina con el Padre opera la "ley del intercambio"; allí recibimos todo lo que Dios tiene para nosotros. Esto incluye un intercambio de *nombre, voluntad* y *fuerza*. Primero, recibimos un nuevo nombre: Ahora pertenecemos a Dios y somos contados como parte de Su familia. (Vea, por ejemplo, 1 Juan 3:1). También se nos ha otorgado la autoridad para usar el nombre de Su amado Hijo, Jesús, a fin de llevar a cabo Sus propósitos. (Vea, por ejemplo, Marcos 16:17). Segundo, recibimos una nueva voluntad. Cuando nuestro espíritu es renovado, Dios escribe Sus mandamientos en nuestro corazón. (Vea, por ejemplo, Hebreos 10:16). Tercero, recibimos nuevas fuerzas. Su Espíritu vive dentro de nosotros como una fuente continua de consuelo, guía y poder. (Vea, por ejemplo, Juan 14:26; Hechos 1:8).

Los elementos de una relación plena con el amor de Dios son el amor; la obediencia; la reverencia, también llamada "el temor de Dios" (vea, por ejemplo, Deuteronomio 6:2; Salmos 25:14); y el compromiso. De continuo debemos tener en mente que nuestra relación con nuestro Padre celestial está basada en un pacto; y los pactos siempre implican un compromiso. El Salmo 50:5 dice, *"Juntadme mis santos, los que hicieron conmigo pacto con sacrificio"*. En los próximos capítulos hablaremos más sobre este elemento crucial del sacrificio en el ayuno. Por ahora, enfoquémonos en el sacrificio que Jesús hizo por nosotros en la cruz. Porque Él murió en lugar nuestro, entramos en un nuevo pacto con Dios, un pacto de perdón por nuestros pecados, la vida eterna y el pleno acceso a Su presencia a través de Jesucristo. Nuestra parte —nuestra respuesta— a este nuevo pacto es permanecer en estrecha comunión con el Padre.

Dios no les da Su poder a extraños, sino a quienes están comprometidos con Él; aquellos que le aman, le obedecen y le honran. Al comprometerse con el Padre, usted está cada vez más en una sola mente y un solo espíritu con Él, de manera que usted comienza a hablar y actuar como Él. A medida que esta relación se va desarrollando, Dios se comprometerá más profundamente y empezará a desatar en usted más de Su poder. Él le revelará Su voluntad y manifestará su herencia espiritual.

Cuando tiene una relación tan cercana y comprometida con el Señor, siempre que ve una necesidad, usted puede demostrar el poder de Dios, siguiendo la dirección que le dé el Espíritu. No tendrá que esperar por una "unción especial", porque usted se apropiará del poder de esa relación para sanar enfermos, echar fuera demonios, y hacer milagros, señales y maravillas.

Nuestra relación con nuestro Padre celestial está basada en un pacto, y un pacto siempre implica compromiso.

Ayuno y relación

El ayuno es una parte vital del proceso que nos lleva a mantener una relación continua con nuestro Padre celestial, porque nos permite profundizar nuestra comunión con Él, lo que resulta en mayor intimidad y poder. Durante el ayuno, deliberadamente tomamos ciertos periodos de tiempo para hacer a un lado todo lo demás, con el único propósito de buscar al Señor. No asumimos otras responsabilidades u obligaciones, no dedicamos ese tiempo al entretenimiento, al trabajo, ni siquiera a la comida, con el fin de poner a Dios primero y buscar Su rostro. Cuando hacemos esto, empezamos a ver que nuestras vidas y las vidas de otros se transforman. Vencemos el pecado y las tentaciones, los miembros de nuestra familia vienen a Cristo, las "montañas" se mueven, ¡y el poder espiritual se activa para vencer las "imposibilidades"!

Muchos cristianos están oprimidos, afligidos, enfermos, deprimidos, temerosos y solitarios. ¿Dónde está el poder que los lleve a superar esas condiciones de sus vidas? Si carecemos de poder espiritual en cualquier área, o no tenemos una relación cercana con Dios, no sabremos cómo activar el poder que está en nosotros o quizá tendremos áreas que necesitamos rendir. No podemos ejercer poder y autoridad espiritual conforme a nuestra propia inteligencia o de acuerdo con nuestra propia fuerza de voluntad. Necesitamos el poder de Dios para vencer la tentación y los ataques del enemigo.

Todos tenemos diferentes tipos de dificultades. Algunos de nuestros problemas pueden ser consecuencia del pecado. Pero también debemos recordar que estamos en una guerra espiritual continua contra el enemigo. En ambos casos, si carecemos de una relación vital con el Señor, no tendremos el poder que necesitamos para la victoria. También necesitamos poder para "[llevar] *cautivo todo pensamiento a la obediencia a Cristo*" (2 Corintios 10:5), para así vivir "*de toda palabra que sale de la boca de Dios*"

(Mateo 4:4). No debemos tener solo el conocimiento mental que nos instruye la Biblia, a fin de llevar nuestros pensamientos cautivos; necesitamos la capacidad de ejercer ese poder, y eso solamente se hace desde una posición de relación.

Cuánto más profunda sea nuestra relación, más profundo será también el poder. En adelante, procure hacer todo en su vida cristiana partiendo de su relación con el Señor y no de acuerdo con su propia capacidad. El poder de Dios es necesario para mover montañas y abordar los problemas que nos presenta la vida, ya sea en nuestro matrimonio, finanzas, salud, temores o cualquier otra cosa.

El ayuno nos permite profundizar nuestra comunión con Dios, lo que deriva en mayor intimidad y poder.

La entrada del poder de Dios

Cada vez que un creyente desarrolla un relación cercana, personal, continua y progresiva con Dios, Su poder entrará en ese individuo. Por eso, los creyentes casuales no producen poder. Efesios 3:20 dice, "[Dios]…*es poderoso para hacer todas las cosas mucho más abundantemente de lo que pedimos o entendemos, según el poder que actúa en nosotros*". Una vez más, ese poder activo que funciona en nosotros viene en virtud de nuestra relación con el Señor. El poder funciona solo cuando ha entrado. ¿Cuándo fue la última vez que usted pasó tiempo en la presencia de Dios y recibió una inyección de Su poder?

A medida que usted ora y ayuna, Dios deposita Su poder en usted. He descubierto que cuanto más de la presencia de Dios portamos, más rápido se activa y se desata el poder; entre más oremos, más rápidamente se manifiestan los milagros. El mismo patrón lo podemos ver en la vida de Jesús. Él continuamente pasaba tiempo en la presencia de Dios; por eso, cuando salía a ministrar, el poder fluía.

Si a usted le gustaría comprometerse o reanudar su compromiso de tener una relación cercana y continua con nuestro Padre celestial, repita esta oración en voz alta:

Padre Dios, vengo a Ti en el nombre de Tu Hijo Jesucristo, mi Salvador. Te honro como el Dios Todopoderoso, y reconozco que estoy en Tu presencia. Me arrepiento por no haber desarrollado una relación cercana contigo. Perdóname por haberme apartado de las prácticas de la oración y el ayuno, las cuales me permiten construir y mantener nuestra relación. Ahora mismo, me comprometo a amarte, obedecerte y servirte haciendo Tu voluntad. Regreso a Ti de todo corazón. Deseo buscar Tu rostro en oración y ayuno. Por favor, dame el poder para sostener y profundizar mi relación contigo. ¡Tú eres mi todo! En el nombre de Jesús, amén.

Testimonios de ayunos de rompimiento

Mi nombre es María Angélica Sherman. Mientras crecía en las Bahamas, siempre me consideraron "la niña pequeña de papá" y mi familia solía tener una relación muy estrecha. Sin embargo, cuando tenía cerca de diez años, mis papás tuvieron una discusión y recuerdo haber visto a mi papá haciendo sus maletas y partiendo. Cuando esto pasó, sufrí mucho; me sentí abandonada y rechazada, porque realmente después de eso nunca volvimos a vernos.

Hace aproximadamente unos ocho años, vine a los Estados Unidos, y viví un tiempo muy difícil. Esta vez, mi papá dejó todo en las Bahamas para estar conmigo. Cuando llegó, sentí que lo había perdonado. Pero había algo que no me permitía amarlo como yo quería.

Comencé a asistir al Ministerio El Rey Jesús, y allí sentí que había encontrado un hogar. Tuve un encuentro con el amor de Dios como Padre, y Él me ministró. Aprendí lo que significa albergar falta de perdón, resentimiento y amargura. Cuando pude reconocerlos como lo que son, salieron de mí y fui liberada de esos espíritus diabólicos. Sin embargo, lo que Dios hizo después fue incomparable. Mi padre vino a mí, abrió su corazón y me pidió que lo perdonara. Eso me permitió darle un cierre definitivo a todo lo que había estado pasando en mi vida.

Continué asistiendo y sirviendo en El Rey Jesús, y mi papá le entregó su vida a Cristo. Entonces empezó a levantarse mucha oposición. Tuvimos una serie de problemas financieros, porque mi papá perdió su trabajo justo después de convertirse en cristiano. El enemigo comenzó a atacar la relación con mi mamá, porque yo defendía a mi papá. Y todo empezó justo cuando decidí asistir a la iglesia y comprometerme con Dios. Como resultado, mi mamá y yo nos distanciamos. Pero yo le entregué nuestra relación a Dios, y ella también terminó entregándole su vida a Cristo. Un día ella me buscó y me dijo, "Hija, perdóname por los ataques, por ponerme contra ti en ese tiempo"; entonces Dios restauró nuestra relación. Después de un ayuno de veintiún días, mi otra hermana también fue salva y el Señor nos restauró como familia. Ahora tenemos la relación más hermosa que alguien pueda imaginar. Ciertamente, el Señor entró a mi vida y me transformó como persona y como hija de Dios.

María ahora es una diaconisa ordenada en el Ministerio El Rey Jesús, que ayuda a restaurar las relaciones de otras personas, ¡incluyendo las de matrimonios y familias!

2

LO QUE VERDADERAMENTE ES EL AYUNO

Lo que el ayuno es y *no es*

Cuando vemos lo importante que es tener una relación fuerte y continua con Dios, logramos entender la verdadera naturaleza del ayuno. La siguiente es una buena definición general de lo que es el ayuno:

> El ayuno es la abstinencia voluntaria de alimentos con fines espirituales, que nos lleva a buscar la presencia de Dios y a profundizar nuestra relación con Él.

A diferencia de la forma como algunas personas lo practican, el ayuno espiritual no es:

+ abstenerse de alimentos para perder peso (aunque la pérdida de peso puede ser uno de sus resultados).

+ una "estrategia" o manipulación para lograr que Dios haga algo en particular por nosotros.

+ un medio de atraer la atención de los demás sobre nosotros y mostrar que somos muy "espirituales".

Para obtener los beneficios espirituales del ayuno, necesitamos hacerlo por los motivos correctos. En los días del profeta Isaías, los israelitas ayunaban, pero lo hacían por razones egoístas y de manera incorrecta:

> [El Señor declaró], *¿Por qué, dicen, ayunamos, y no hiciste caso; humillamos nuestras almas, y no te diste por entendido? He aquí que en el día de vuestro ayuno buscáis vuestro propio gusto, y oprimís a todos vuestros trabajadores. He aquí que para contiendas y debates ayunáis y para herir con el puño inicuamente; no ayunéis como hoy, para que vuestra voz sea oída en lo alto.* (Isaías 58:3–4)

No debemos ayunar si no es con el propósito de buscar a Dios en oración, a un nivel mucho más alto. Eso no significa que no podamos ir a Él simplemente con nuestras oraciones y peticiones. Sin embargo, el propósito *principal* del ayuno es buscar a Dios y conocer Su voluntad, recibiendo la revelación de lo que Él quiere hacer en nuestras vidas y en las de los demás.

Necesitamos ayunar por los motivos correctos para ganar beneficios espirituales.

Quienes piensan que el ayuno es algo opcional, no entienden su poder transformador ni sus resultados. El ayuno no es una opción; es una necesidad. Cada creyente está llamado a ayunar. De hecho, ayunar es una de las marcas de un verdadero discípulo de Jesucristo.

A algunos cristianos se les ha enseñado que no tenemos que ayunar porque Jesús con Su sacrificio ya pagó el precio por nosotros, y que ya no vivimos bajo la ley sino bajo la gracia. Sin embargo, el ayuno no debe llevarnos a una confrontación entre la ley y la gracia. Quienes escogen esta perspectiva tendrían entonces que explicarle esto a los apóstoles, y a Jesús mismo, ¡quien les enseñó a Sus discípulos a ayunar! El pueblo de Dios recibió instrucciones acerca del ayuno, no solo en el Antiguo Testamento sino también en el Nuevo Testamento.

Durante Su ministerio terrenal, le preguntaron a Jesús, "*¿Por qué los discípulos de Juan* [el Bautista] *y los de los fariseos ayunan, y tus discípulos no ayunan?*" (Marcos 2:18). A simple vista pareciera que el ayuno no era parte del estilo de vida o de las enseñanzas de Jesús. Pero como veremos en este capítulo y en el siguiente, ese no fue el caso. Jesús dio pautas específicas para ayunar de una manera que complazca a Dios. Entonces, ¿cuál fue la respuesta de Jesús a esta pregunta?

> *¿Acaso pueden los que están de bodas ayunar mientras está con ellos el esposo? Entre tanto que tienen consigo al esposo, no pueden ayunar. Pero vendrán días cuando el esposo les será quitado, y entonces en aquellos días ayunarán.*
>
> (versos 19–20)

Jesús es el esposo. Por lo tanto, mientras los discípulos estaban con Él, no tenían necesidad de ayunar. Sin embargo, desde el momento que Jesús ascendió al cielo, después de Su resurrección, la iglesia —la novia de Cristo— ha practicado el ayuno. Después que Jesús regrese por Su novia no ayunaremos más porque estaremos con Él para siempre (vea 1 Tesalonicenses 4:16–17); por ahora, el ayuno debe ser parte integral de nuestras vidas.

El ayuno no es una opción, es una necesidad. Es una de las marcas de un verdadero discípulo de Jesucristo.

¿Cuándo deberíamos ayunar?

En la Escritura vemos cómo el pueblo de Dios buscaba Su presencia a través de la oración y el ayuno. A veces, Dios ordenaba o urgía a Su pueblo a iniciar un ayuno en particular; otras veces, individuos, grupos o naciones convocaron a ayunar debido a una necesidad. Por lo tanto, el ayuno de rompimiento se inicia de una de estas dos maneras: La primera es cuando Dios específicamente llama a Su pueblo (ya sea un grupo o un individuo) a ayunar para que regresen a Él y a Sus caminos, o para interceder por un problema determinado. Esto se conoce como un "ayuno soberano". La segunda es cuando un creyente inicia un ayuno con un propósito en particular. Este se conoce como "ayuno de fe". En ambos tipos de ayuno, necesitamos confiar en el Espíritu Santo para que sea Él quien nos guíe y fortalezca.

El ayuno soberano

Un ejemplo bíblico de Dios llamando a Su pueblo a ayunar, lo podemos encontrar en el libro de Joel: *"Por eso pues, ahora, dice Jehová, convertíos a mí con todo vuestro corazón, con ayuno y lloro y lamento"* (Joel 2:12). La palabra hebrea que se traduce como *"convertíos"* significa regresar al punto de partida. Dios quería que los israelitas volvieran a tener una relación cercana con Él. También quería que lo representaran adecuadamente delante de otras naciones, cuya gente no lo conocía. Antes de esta exhortación, el profeta Joel les había advertido, *"Proclamad ayuno, convocad a asamblea; congregad a los ancianos y a todos los moradores de la tierra en la casa de Jehová vuestro Dios, y clamad a Jehová"* (Joel 1:14).

Hoy, Dios puede llevar a un pastor u otro líder a proclamar ayuno en su congregación o grupo. O bien, puede llamar a un creyente a entrar en ayuno, poniendo en esa persona el deseo y la voluntad para iniciarlo y la gracia para completarlo. Pablo escribió al respecto, *"Porque Dios es el que en vosotros produce así el querer como el hacer, por su buena voluntad"* (Filipenses 2:13). Por ejemplo, un día puede que usted se despierte con hambre en la mañana, pero también con un deseo especial en su corazón de buscar a Dios. Luego, cuando discierne que es el Espíritu Santo quien está empujándolo a ayunar, esa sensación de hambre cesa. Quizá Dios le revele o no Su propósito divino para ese ayuno. Sin embargo, en ocasiones usted discernirá una razón específica por la cual ayunar. Puede ser con el propósito de interceder por una persona, problema o un evento mundial. En casos como estos, es un privilegio ser escogido por Dios para tal tarea.

Cuando el Señor nos guía a ayunar, necesitamos responderle. Tendremos la *convicción* de la necesidad de ayunar que nos da el Espíritu Santo, lo que significa que no habrá culpa, presión o condenación relacionada a esto. Permítale al Espíritu de Dios guiarlo en los ayunos que Él tiene para usted. Aprenda a escuchar y obedecer Su voz.

El ayuno por fe

Como señalamos antes, este tipo de ayuno es iniciado por un creyente o grupo de creyentes. Estas son algunas de las razones más importantes para ayunar, sobre las cuales trataré más en detalle en este libro.

- *Para buscar la presencia de Dios*. Ya abordamos este propósito principal en el Capítulo 1.

- *Para humillarnos delante de Dios*. Todos los creyentes debemos humillarnos ante el Padre celestial reconociendo Su soberanía y grandeza; y el ayuno es una de las formas principales de someter nuestras vidas. *"Humillaos, pues, bajo la poderosa mano de Dios, para que él os exalte cuando fuere tiempo"* (1 Pedro 5:6). La verdadera humildad es el camino al poder espiritual, porque la humildad siempre atrae a Dios, mientras que el orgullo lo repele. Necesitamos reconocer que, sin el Señor, no somos nada. (Vea, por ejemplo, Juan 15:5). La humildad ante Dios es una señal de total dependencia de Él.

- *Para apropiarnos de la presencia de Dios*, o para traer la presencia de Dios a un ambiente o situación que le permita trabajar soberanamente.

· *Para estar preparados para responder a los tiempos que vivimos.* Vivimos tiempos en los que las fuerzas satánicas están influyendo en todas las áreas de nuestra sociedad. *"También debes saber esto: que en los postreros días vendrán tiempos peligrosos"* (2 Timoteo 3:1). Estamos confrontando mayores enfermedades, corrupción, ataduras, discordia y desesperanza que nunca antes. Necesitamos orar para derrotar esos males del mundo. Adicionalmente, como escribí en la introducción de este libro, entidades demoniacas peligrosas contra las que no habíamos tenido que pelear antes, han entrado al mundo, y necesitamos estar listos para contrarrestarlas a través del poder de Dios.

· *Para buscar la dirección y la guía de Dios.* Cuando no sabemos qué camino tomar, o cuando tenemos varias opciones ante nosotros, el ayuno es una forma de ir tras la voluntad de Dios para nuestras vidas, nuestro matrimonio, nuestra familia, nuestras finanzas, etc. Como escribió el sacerdote y escriba Esdras, *"Y publiqué ayuno allí junto al río Ahava, para afligirnos delante de nuestro Dios, para solicitar de él camino derecho para nosotros, y para nuestros niños, y para todos nuestros bienes"* (Esdras 8:21).

· *Para recibir poder para el ministerio o para manejar una situación determinada.* Necesitamos una atmósfera espiritual para que ocurran milagros y liberaciones. El ayuno nos lleva a un lugar en el Espíritu donde vemos una nueva actividad espiritual dentro de nosotros, y podemos llevar esa atmósfera dondequiera que vamos. Sin actividad

espiritual operamos en la carne, y la carne nunca produ-
cirá un milagro.

- *Para hacer frente a una crisis.* Cuando enfrentamos una
crisis actual o inminente, podemos apelar a Dios a través
de la oración y el ayuno. Esto es lo que hicieron la reina
Ester y los hebreos exiliados, cuando enfrentaron la ame-
naza de ser aniquilados. (Vea Ester 4).

- *Para superar una imposibilidad.* Jesús dijo, *"Para los hombres
es imposible, más para Dios, no; porque todas las cosas son
posibles para Dios"* (Marcos 10:27).

- *Para consagrarse y apartarse para Dios y Sus propósitos.* A
través del ayuno podemos ofrecernos a Dios como sacrificio vivo, pidiéndole que Él obre Su completa voluntad en
nuestras vidas.

- *Para activar dones y llamamientos espirituales.* El ayuno cul-
tiva la unción en nuestras vidas. Tenemos dones que están
dormidos o latentes, pero cuando ayunamos, esos dones se
avivan en nosotros.

- *Para recibir un rompimiento específico en nuestras vidas*, ya
sea físico, mental, emocional o espiritual. Hay algunos
obstáculos o retrasos en nuestras vidas que no se moverán
ni cambiarán hasta que ayunemos y oremos.

Debemos tener en cuenta que, cada vez que ayunamos por fe,
el ayuno nos cambia a *nosotros*, no a Dios. ¡Dios no necesita cam-
biar! Ayunar por fe es una manera de mostrarle a Dios nuestra
hambre por Él, y cuando la ve, nos responde conforme a nuestro

compromiso y persistencia; nos transforma e interviene en nuestras circunstancias. Nuevamente, ayunar no es "pagar el precio" para que Dios nos escuche, porque el sacrificio ya fue pagado por Jesús en la cruz. El ayuno tiene el propósito de afilar nuestra percepción y enfoque espiritual para que podamos recibir todo lo que Jesús pagó por nosotros.

El ayuno nos cambia a *nosotros*, no a Dios. ¡Dios no necesita cambiar!

Un ejemplo del Antiguo Testamento sobre el ayuno por fe, es el ayuno que hizo el profeta Daniel por la restitución de los israelitas a su tierra:

> *En el año primero de Darío hijo de Asuero, de la nación de los medos, que vino a ser rey sobre el reino de los caldeos, en el año primero de su reinado, yo Daniel miré atentamente en los libros el número de los años de que habló Jehová al profeta Jeremías, que habían de cumplirse las desolaciones de Jerusalén en setenta años. Y volví mi rostro a Dios el Señor, buscándole en oración y ruego, en ayuno, cilicio y ceniza.* (Daniel 9:1–3)

En el Nuevo Testamento, Jesús les enseñó a Sus discípulos a ayunar por fe, y claramente podemos ver en Su propia vida lo importante que era el ayuno. Jesús no confrontó ni venció las grandes tentaciones de Satanás en el desierto hasta que, siendo lleno del Espíritu inició un ayuno de muchos días, después del cual comenzó Su ministerio, empoderado por el Espíritu Santo.

> *Jesús, lleno del Espíritu Santo, volvió del Jordán, [después de Su bautismo] y fue llevado por el Espíritu al desierto por cuarenta días, y era tentado por el diablo. Y no comió nada en aquellos días, pasados los cuales, tuvo hambre… Y cuando el diablo hubo acabado toda tentación, se apartó de él por un tiempo. Y Jesús volvió en el poder del Espíritu a Galilea, y se difundió su fama por toda la tierra de alrededor.*
> (Lucas 4:1–2, 13–14;
> vea también Mateo 4:1–11; Marcos 1:12–13)

El Espíritu Santo llevó a Jesús a confrontar al enemigo en el desierto, y el ayuno que hizo pudo haber sido soberano o por fe. De cualquier manera, como un acto de Su voluntad, en consagración, Jesús presentó Su cuerpo ante Dios en ayuno. Antes de enfrentar al enemigo, Él necesitaba estar espiritualmente listo. Muchos de nosotros actualmente estamos enfrentando al enemigo en medio de una crisis particular, o en una batalla en curso. Si ésta es su situación, ¿se ha detenido por un momento y ha reconocido, "No puedo vencer esto a menos que entre en un periodo de ayuno"?

Jesús es la persona más pura y santa que ha pisado la faz de la tierra. Él no tenía pecado; sin embargo, como ser humano, tuvo que orar y ayunar para derrotar al enemigo; tuvo que conocer la voluntad de Su Padre y establecer firmemente Su ministerio en la tierra. ¡Cuánto más necesitamos orar y ayunar nosotros! Hemos sido maravillosamente redimidos por Cristo y recibimos el regalo del Espíritu Santo. Aun así, todavía luchamos contra la naturaleza pecaminosa, la cual continuamente trata de volver a ganar autoridad en nuestras vidas. (Vea, por ejemplo, Romanos 7:22–25). Lamentablemente, tenemos la tendencia a desviar nuestra relación con Dios. Asimismo, cuando requerimos poder continuo para el ministerio, Él nos da sabiduría, fortaleza y unción, mientras ayunamos y oramos en Su presencia.

Como escribí antes, Jesús les dio instrucciones a Sus discípulos sobre el ayuno. Veremos esas enseñanzas en los próximos capítulos. (Vea Mateo 6:16–18; 17:14–21). En el Nuevo Testamento hay ejemplos adicionales de ayuno. El registro bíblico nos muestra que los creyentes de la iglesia primitiva practicaban el ayuno como una parte importante de su estilo de vida. Por ejemplo, los profetas y maestros de la iglesia en Antioquía oraron y ayunaron, después de recibir una palabra específica del Espíritu Santo sobre el ministerio de Pablo y Bernabé. (Vea Hechos 13:1–3).

El ayuno fue vital para la vida y el ministerio de Jesús. Esto sigue siendo cierto hoy para Sus seguidores.

Además, leemos en 2 Corintios que Pablo ayunaba a menudo. (Vea 6:4–5; 11:27). Pablo escribió aproximadamente la mitad de los libros del Nuevo Testamento, y probablemente es el más grande apóstol de todos los tiempos; aun así, sentía la necesidad de ayunar regularmente. Los hombres y mujeres de Dios más poderosos, desde los tiempos más remotos hasta hoy, han seguido un estilo de vida de ayuno y oración.

¿Qué tipos de ayuno existen?

Existen dos tipos principales de ayunos: ayunos parciales y ayunos totales.

El ayuno parcial

Este tipo de ayuno es parcial con respecto al tiempo que se le dedique, o a las comidas específicas de las cuales uno se abstiene. Por ejemplo, usted puede ayunar una o dos comidas al día. O puede comer tres comidas al día, pero no comer ciertos alimentos que sabe que le gusta disfrutar, como dulces, carbohidratos o carnes. Un ejemplo destacado de un ayuno parcial con el propósito espiritual de honrar a Dios, lo encontramos en el libro de Daniel. El profeta y sus amigos estaban entre los israelitas llevados a la cautividad por el ejército invasor de Babilonia. Ellos comieron solamente vegetales a fin de evitar la carne y las bebidas que se les ofrecía a los ídolos de Babilonia, y Dios honró ese ayuno, dándoles favor con sus captores. (Vea Daniel 1).

El ayuno total

Esta forma de ayuno consiste en la abstinencia de alimentos durante un período específico de tiempo (veinticuatro horas o más). Se puede hacer de dos maneras: no comiendo alimentos e ingiriendo solo agua, o eliminando por completo tanto alimentos como líquidos. Este último no se recomienda, porque el cuerpo humano está compuesto un 80 por ciento de agua, y una abstinencia prolongada de este líquido podría tener efectos negativos graves. (Los ejemplos de tales ayunos en la Biblia fueron circunstancias únicas). Personalmente, ayuno dos días a la semana, ya sea parcial o totalmente. En otras ocasiones, ayuno durante tres, siete o veintiún días seguidos. En todo esto es esencial buscar la guía del Espíritu Santo para determinar el tipo de ayuno que usted realizará.

Un llamado al ayuno y la oración

Creo que, en este tiempo, Dios está llamando a Su iglesia a volver al ayuno y la oración. Estos son dos de los pilares que sostienen nuestras vidas y ministerios. Muchos hombres y mujeres de Dios hoy en día no están espiritualmente alertas porque han dejado de orar y ayunar. Han perdido el fuego y la pasión por Dios, por la oración y por la salvación de las almas. Dios está haciendo que volvamos al primer amor (vea Apocalipsis 2:4–5), a fin de recuperar el filo en el ámbito espiritual y que podamos caminar en el poder del Espíritu.

¿Está listo para comenzar o retornar al hábito del ayuno? ¿Está dispuesto a sacrificar la comida por uno o más días a fin de buscar al Señor? Muchas de las religiones del mundo incluyen el ayuno entre sus prácticas. ¡Cuánto más nosotros, como cristianos, deberíamos ayunar para honrar y obedecer al Dios vivo! Cuando usted haga del ayuno y la oración una parte regular de su estilo de vida, empezará a experimentar los rompimientos que anhela.

Si desea formar parte de esta renovación de la oración y el ayuno, haga esta oración en voz alta:

Padre celestial, Te pido que me des la gracia para incorporar el ayuno y la oración en mi estilo de vida. Estoy entre aquellos que han perdido su pasión por Ti y por ministrar a otros en Tu nombre. Quiero buscar Tu rostro. Quiero avanzar Tu reino. Gracias por llamarme a una relación más profunda contigo y por llenarme con Tu Espíritu para poder recuperar mi percepción espiritual y ser usado como un vaso para los propósitos de Tu reino. En el nombre de Jesús, ¡amén!

Testimonios de ayunos de rompimiento

Mi nombre es Petrus Mashwele Mokgwaui, y soy de las villas de Strydkraal Limpopo, una provincia en Sudáfrica. Tengo veintitrés años, soy enfermera y estudiante de ciencias. Crecí asistiendo a una iglesia, pero esta era una atmósfera en la que no se sabía nada de lo sobrenatural; tampoco lo sabía mi padre, quien era el pastor. No sabíamos que, para una iglesia, había más que simplemente una estructura religiosa. Sólo teníamos ocho miembros en nuestra iglesia. Mi padre predicaba, pero no había manifestaciones sobrenaturales del Espíritu Santo ni del poder de Dios. No veíamos milagros ni que se echaran fuera demonios.

Cuando estaba en mi tercer año de enfermería en la Universidad, mientras estaba en un centro comercial de mi ciudad, encontré unas enseñanzas del Apóstol Maldonado acerca de lo sobrenatural. Sentí que algo me halaba y un deseo por saber qué era lo sobrenatural, así que empecé a leer uno de sus libros. Durante los primeros tres días, no podía entender por qué estaba leyendo ese contenido que hablaba sobre cómo la razón y la duda habían reemplazado lo sobrenatural. Por ejemplo, mis estudios en enfermería me decían que el VIH no tiene cura y que los muertos no pueden ser resucitados. Pero las enseñanzas de lo sobrenatural dicen lo contrario, que los milagros, las señales y las maravillas son evidentes y posibles hoy.

Decidí entrar en un ayuno de veintiún días porque quería que Dios me revelara el poder de lo sobrenatural; quería tener un encuentro con el Espíritu Santo para que Él me diera a conocer cosas espirituales. Durante el ayuno, empecé a encontrarme con Dios y a entender Su llamado. Hablé con mi padre y le dije que estaba aprendiendo de lo sobrenatural ¡y que necesitábamos darle lugar y libertad al Espíritu Santo en los servicios de nuestra iglesia!

Mi padre me permitió predicar al mes siguiente, durante el domingo de resurrección. Enseñé acerca de lo sobrenatural, revelándole a los miembros de nuestra iglesia que Dios es un Dios de milagros y que la llenura del Espíritu Santo es necesaria. Llamé al frente a todo el que necesitara un toque de Dios o un milagro creativo. Una mujer pasó adelante; entonces el Espíritu de Dios vino sobre mí, y empecé a profetizar, "Hubo algo que te removieron, un órgano...", y ella dijo, "Sí, tuve una operación hace tres años, y me removieron mis dos trompas de Falopio. Como resultado, es imposible que quede embarazada o que tenga hijos". Le dije que Dios estaba a punto de crear nuevas trompas de Falopio en ella, y que, como evidencia, daría a luz un bebé hermoso y saludable. El Espíritu Santo declaró este testimonio a través de mí, la mujer creyó y tuvo fe, y yo declaré la creación de nuevas trompas de Falopio. Al mes siguiente la mujer regresó al servicio de la iglesia dando testimonio de este milagro creativo. ¡Estaba embarazada! Meses después dio a luz un niño saludable.

Lo natural —que se basa en la razón, la inteligencia y la sabiduría humanas— ha venido a reemplazar lo sobrenatural. Esto no habla de la capacidad del poder de Dios. Mientras mi entrenamiento como enfermera me enseñó que ciertas situaciones no pueden ser cambiadas, yo he podido comprobar de primera mano que lo sobrenatural es la más alta realidad; que resuelve toda imposibilidad. Cuando lo sobrenatural se manifiesta, contradice las leyes de la razón y de la naturaleza. De ninguna manera el razonamiento humano puede ser comparado con lo sobrenatural, ¡porque lo sobrenatural siempre estará por encima de lo natural!

3

EL CORDÓN DE TRES DOBLECES:
AYUNAR, DAR Y ORAR

En los próximos capítulos, hablaré más específicamente sobre qué esperar durante un ayuno. Antes, veamos las enseñanzas que Jesús nos deja en Mateo 6, para que podamos conocer sin duda alguna que el ayuno está destinado a ser una parte sólida de nuestro caminar de fe. Para entender esto, necesitamos ver la relación entre el ayuno y otros dos aspectos fundamentales de nuestra vida cristiana.

Tres preceptos fundamentales

En el Sermón del Monte, Jesús reveló tres preceptos fundamentales, o tres responsabilidades, que aplican a todos los creyentes: *dar, ayunar y orar.* Él empezó hablando de dar ofrendas:

*Guardaos de hacer vuestra justicia delante de los hombres, para ser vistos de ellos; de otra manera no tendréis recompensa de vuestro Padre que está en los cielos. **Cuando, pues, des limosna**, no hagas tocar trompeta delante de ti, como*

hacen los hipócritas en las sinagogas y en las calles, para ser
alabados por los hombres; de cierto os digo que ya tienen
*su recompensa. Mas **cuando tú des limosna**, no sepa tu*
izquierda lo que hace tu derecha, para que sea tu limosna en
secreto; y tu Padre que ve en lo secreto te recompensará en
público.   (Mateo 6:1–4)

Note que Jesús no dijo, "Si das limosna…" sino "**Cuando…**
des limosna…" Con esta declaración, Jesús nos mostró que las
obras de caridad, o las diferentes maneras de dar, forman parte
de la vida de un creyente, y nos explicó cómo debe ser nuestro
dar. Acto seguido, Jesús abordó el tema de la oración, diciendo:

*Y **cuando ores**, no seas como los hipócritas; porque ellos*
aman el orar en pie en las sinagogas y en las esquinas de las
calles, para ser vistos de los hombres; de cierto os digo que
*ya tienen su recompensa. Mas tú, **cuando ores**, entra en tu*
aposento, y cerrada la puerta, ora a tu Padre que está en
secreto; y tu Padre que ve en lo secreto te recompensará en
público. Y orando, no uséis vanas repeticiones, como los gen-
tiles, que piensan que por su palabrería serán oídos. No os
hagáis, pues, semejantes a ellos; porque vuestro Padre sabe
de qué cosas tenéis necesidad, antes que vosotros le pidáis.
                                              (Mateo 6:5–8)

Después de explicarles cómo *no* orar, Jesús inmediatamente
les enseñó la manera correcta de hacerlo. Él les dio a Sus discípulos un modelo a seguir, el cual conocemos como el Padre

Nuestro. (Vea los versos 9–13). Una vez más vemos que Jesús no dice, *"Si oras…"* sino *"Cuando ores…"* Esto quiere decir que Él consideraba la oración como algo con lo que todo creyente debe estar comprometido.

Por último, vemos el mismo patrón en las instrucciones que Jesús da sobre el ayuno:

> *Cuando ayunéis, no seáis austeros, como los hipócritas; porque ellos demudan sus rostros para mostrar a los hombres que ayunan; de cierto os digo que ya tienen su recompensa. Pero tú, cuando ayunes, unge tu cabeza y lava tu rostro, para no mostrar a los hombres que ayunas, sino a tu Padre que está en secreto; y tu Padre que ve en lo secreto te recompensará en público.*   (Mateo 6:16–18)

Una vez más, Jesús no dijo, *"Si ayunas…"* sino que dijo, *"Cuando ayunes…"* Algunas personas piensan que necesitan esperar una señal de Dios o sentir algo especial antes de emprender un ayuno. Aunque es cierto que Dios nos llevará a entrar en ayunos soberanos, podemos tomar la iniciativa de ayunar en cualquier momento. Podemos tomar la decisión de ayunar por fe. Y como lo demuestran los versículos que citamos arriba, el ayuno debe integrarse al estilo de vida regular del creyente.

Jesús nos reveló tres responsabilidades que aplican a todo creyente: *dar, orar* y *ayunar.*

Por lo tanto, el ayuno no es opcional, sino algo que se espera que hagan los seguidores de Jesús. Es un acto de obediencia, así como un excelente medio para desarrollar nuestra relación con el Padre, obtener fuerza espiritual y dar frutos para Dios.

Motivos y recompensas

Jesús nos exhortó a examinar nuestros motivos cuando participamos del dar, orar y ayunar. Para determinar si nuestras intenciones son puras delante del Señor, necesitamos hacernos a nosotros mismos preguntas como estas:

- ✦ "¿Qué deseo más, los aplausos y recompensas de la gente o el favor y las recompensas de Dios?" Si constantemente buscamos ser alabados por otras personas, nos ofenderemos cuando no obtengamos de ellas lo que esperábamos recibir. Sin embargo, si esperamos las recompensas de Dios, Él nos bendecirá, y nunca nos decepcionaremos.

- ✦ "¿Cuál es mi razón para ofrendar, orar y ayunar?"

- ✦ "¿Espero siempre que mi trabajo para Dios sea reconocido públicamente por el pastor u otros líderes de mi iglesia?"

- ✦ "¿Me molesta cuando la cantidad de dinero que doy no es apreciada o reconocida?"

Jesús dijo que lo que hacemos para el Padre *"en secreto"* con el fin de honrarlo y servirlo será recompensado. ¿Cuál será la recompensa que Dios nos dé cuando demos ofrendas, oremos y ayunemos por las razones correctas? Acumularemos *"tesoros en el cielo"*:

No os hagáis tesoros en la tierra, donde la polilla y el orín corrompen, y donde ladrones minan y hurtan; sino haceos tesoros en el cielo, donde ni la polilla ni el orín corrompen, y donde ladrones no minan ni hurtan. Porque donde esté vuestro tesoro, allí estará también vuestro corazón.

(Mateo 6:19–21)

También recibiremos revelación de Dios y de Su palabra:

La lámpara del cuerpo es el ojo; así que, si tu ojo es bueno, todo tu cuerpo estará lleno de luz.   (Mateo 6:22)

Todo lo que hacemos para el Padre *en secreto*, a fin de honrarlo y servirlo, nos será recompensado.

La fuerza del cordón de tres dobleces

Me gusta conectar estos tres elementos: dar, orar y ayunar, con el "*cordón de tres dobleces*" que menciona el libro de Eclesiastés:

Y si alguno prevaleciere contra uno, dos le resistirán; y cordón de tres dobleces no se rompe pronto.

(Eclesiastés 4:12)

En consecuencia, al servir al Señor, debemos enfocarnos en cada uno de los elementos de este cordón de tres dobleces:

1. *Dar* es una forma de honrar a Dios. Honrar significa valorar, estimar, respetar, reverenciar, o considerar a alguien (o algo) precioso. Cuando honramos a nuestro Padre celestial no damos por conveniencia, sino de acuerdo con nuestro amor por Él. Honrar a Dios, a nuestros padres y a otros, es una señal de madurez espiritual. También, la honra es como una moneda de intercambio espiritual que es altamente valorada en el reino de Dios. Lo que hacemos con la primera porción o las "primicias" de nuestros ingresos (vea Proverbios 3:9), determinará lo que sucederá con el resto. ¿Se secará, carecerá de importancia espiritual, o será fructífera y se multiplicará para el reino? Cuando honramos a Dios con nuestro dar, Él demuestra Su poder y provisión en nuestra vida de una manera que nunca habíamos visto. Recuerde, éste no es un "pago" por buscarlo y honrarlo, sino una respuesta de Su amor y gracia a través de Jesucristo.

2. *Orar* es tener comunicación con Dios. Toda relación está basada en la comunicación, por eso, en nuestro día a día, debemos estar continuamente en contacto con nuestro Padre celestial. ¿Qué es lo primero que le comunicamos? Nuestra adoración. Jesús nos enseñó a través del Padre Nuestro que, cuando oramos debemos ministrar primero a Dios, honrando y alabando Su nombre, y alineándonos a Su voluntad: *"Padre nuestro que estás en los cielos, santificado sea tu nombre. Venga tu reino. Hágase tu voluntad, como en el cielo, así también en la tierra"* (Mateo 6:9–10). Cuando usted honra a Dios con su adoración

y alabanza, empieza a ver sus oraciones contestadas. Si no honra a Dios al comienzo de su oración del "Abba Padre", el resto de la oración no será aplicable a usted. (Vea los versos 11–13).

3. *Ayunar* es presentar nuestros cuerpos a Dios como sacrificio vivo. De este tema y sus implicaciones seguiremos hablando en el próximo capítulo.

> **Cuando honramos a Dios con nuestro dar, Él demuestra Su poder y provisión en nuestra vida de manera nunca antes vista.**

¿Un cordón suelto?

Muchas personas se preguntan, "¿Por qué no he recibido la respuesta a mis oraciones?" ¿Se ha sentido de esa manera? ¿Podría ser que uno (o más) de los tres cordones en su vida espiritual anda suelto o desgastado? Escudriñemos nuestro corazón para ver si estamos cumpliendo nuestra responsabilidad de dar, orar y ayunar; de buscar el rostro de Dios y honrarlo con nuestra vida. Cuando hacemos lo correcto a los ojos de Dios, podemos derrotar nuestra "carne" o naturaleza pecaminosa, y vencer al diablo a través del poder del Espíritu. Creo que a medida que entrelaza ese cordón de tres dobleces en su servicio a Dios, ¡usted experimentará rompimientos en cada área de su vida!

Si desea que su vida se alinee con el cordón de tres dobleces, haga la siguiente oración:

Padre Celestial, honro Tu nombre y deseo hacer Tu voluntad. Perdóname por buscar el aplauso de otras personas en vez de buscar Tu favor y Tus recompensas eternas. Quiero incorporar en mi vida el cordón de tres dobleces que incluye el dar, orar y ayunar. Por favor, dame la gracia para obedecerte en todas las áreas de mi vida, para que pueda crecer en mi conocimiento de Ti, ganar fuerza espiritual y dar fruto para Ti. Oro en el nombre de Jesús, ¡amén!

Testimonios de ayunos de rompimiento

Mi nombre es Xiomara Antonio, y soy de Angola, África. Cuando vivía en mi país natal, no tenía una relación con Dios. Sin embargo, mi padre es un pastor, así que sabía acerca de Dios, y sabía que Él hace milagros.

Vine a los Estados Unidos como estudiante internacional, para obtener un título en mercadotecnia, con una especialización en contabilidad. Mis padres no estaban conmigo, y no tenía a nadie de quién depender, excepto a Dios. Necesitaba mantener una relación fuerte con Él. Solía ir a otra iglesia, pero cuando comencé a asistir al Ministerio El Rey Jesús, realmente me sentí como en casa. Aprendí muchas cosas sobre la oración y el ayuno, y esto me ayudó mucho en mi caminar con Dios. Aprendí que necesitaba perdonar a la gente. Por ejemplo, tenía mucho rencor contra mi madre. Tenemos la misma personalidad y por eso chocamos mucho. Sin embargo, a través del ayuno, aprendí que necesitaba restaurar la relación con mi madre y lidiar con todas las relaciones rotas en mi vida.

Ayuné durante la conferencia de jóvenes del Ministerio El Rey Jesús y le pedí a Dios que me diera una palabra. Cuando llamaron a todos los jóvenes que eran hijos e hijas de pastores a que pasaran adelante para ministrarles, alguien me profetizó que recibiría una beca. En ese tiempo precisamente estaba esperando escuchar acerca de una beca en particular. No había

tenido noticia alguna sobre mi solicitud, y empecé a
dudar que la recibiría. Pensé, *Tal vez la beca no es para
mí.*

A finales de ese año estaba aplicando a otra escuela,
porque quería transferirme de una universidad a otra.
Para mi sorpresa, la palabra profética que había sido
desatada sobre mi vida se hizo realidad. Recibí una beca
del decano de cinco mil dólares por año escolar para
asistir a Nova Southeastern University. Me sorprendió
mucho, porque nunca pensé que obtendría una beca en
los Estados Unidos. Siempre pensé que mi beca vendría
de mi país natal. Pero ese no era el plan de Dios. ¡Él es
maravilloso! Él obra de maneras que nosotros no nos
esperamos.

4

APROPIÁNDONOS DEL PODER A TRAVÉS DEL AYUNO

En el capítulo 2 vimos esta definición básica del ayuno:

El ayuno es la abstinencia voluntaria de alimentos con fines espirituales, que nos lleva a buscar la presencia de Dios y a profundizar nuestra relación con Él.

En este capítulo, añadimos a esa definición algunos aspectos adicionales de lo que significa el ayuno:

El ayuno es nuestro sacrificio espiritual como sacerdotes del nuevo pacto a través de Jesucristo; forma parte de nuestro llamado en Dios.

Ayunar es presentar nuestro cuerpo como sacrificio vivo a Dios, como un acto de nuestra voluntad, con el propósito de consagrarnos y dedicarnos a Él.

Reyes y sacerdotes de Dios

Desde la antigüedad, el ayuno ha sido un sacrificio espiritual ofrecido a Dios por Sus hijos. En Cristo, todos los creyentes hemos sido hechos *"para nuestro Dios reyes y sacerdotes"* (Apocalipsis 5:10; vea también Apocalipsis 1:6). Como sacerdotes de Dios, debemos presentar ofrendas y sacrificios espirituales al Señor. El apóstol Pedro escribió:

> *Vosotros también, como piedras vivas, sed edificados como casa espiritual y **sacerdocio santo, para ofrecer sacrificios espirituales** aceptables a Dios por medio de Jesucristo… Mas vosotros sois linaje escogido, **real sacerdocio**, nación santa, pueblo adquirido por Dios, para que anunciéis las virtudes de aquel que os llamó de las tinieblas a su luz admirable.* (1 Pedro 2:5, 9)

Como sacerdocio santo y real, debemos acercarnos a Dios todos los días, ofreciéndole sacrificios tales como adoración, alabanza, oración, ayuno y generosidad en nuestro dar. En el capítulo 2 de *Ayuno de Rompimiento*, mencioné cómo los líderes de la iglesia del Nuevo Testamento en Antioquía ministraban al Señor y ayunando. (Vea Hechos 13:2). De hecho, podemos ministrar al Señor mientras adoramos y ayunamos, y esos sacrificios se convierten en dulce aroma para Él. (Vea, por ejemplo, Efesios 5:2). El ayuno es una forma de adoración, porque cuando sacrificamos nuestra ingesta normal de alimentos, ponemos nuestra carne o la naturaleza caída, bajo sumisión. Así evitamos que usurpe la autoridad sobre nuestro espíritu. Esto nos permite poner a Dios primero en nuestras vidas.

Hoy en día, muchos cristianos saben cómo ministrar a otras personas y entienden que este ministerio es una parte esencial del servicio al Señor. Sin embargo, no saben cómo ministrar a Dios y no se dan cuenta que esto también es parte vital de su llamado. La iglesia debe aprender a ministrar a Dios. Como Sus sacerdotes, debemos ofrecerle sacrificios espirituales como el ayuno. Cuando dejamos de comer con el propósito de adorar y honrar al Señor, buscando primero Su reino, Dios no toma ese sacrificio livianamente. Recuerde, *"su Padre que ve* [su ayuno] *en lo secreto lo recompensará en público"* (Mateo 6:18).

Hoy, muchos creyentes saben cómo ministrar a otras personas, pero no han aprendido a ministrar a Dios.

Consagrándonos a Dios – Apartados para Su servicio

Hay diferentes tipos de sacrificios que podemos ofrecerle a Dios, pero el más grande es el sacrificarnos a *nosotros mismos*. Una de las mejores maneras como podemos ofrecer este sacrificio es consagrando nuestras vidas, o apartándonos, para dedicarnos por completo a Él. Hay varios medios de acercarnos a Dios y demostrarle que estamos consagrados a Él; una de las formas más efectivas es a través de la oración y el ayuno.

Muchos cristianos aún no han entrado en ese nivel profundo de compromiso. Pueden haber experimentado el fuego de Dios, haber sido un recipiente a través del cual Él ha obrado señales y maravillas; incluso, haber dado diezmos y ofrendas, pero aún no se han consagrado a Dios completamente. Someterse a Él aún no es una práctica regular para ellos. Estar consagrados a Dios significa estar totalmente rendidos y apartados para Su uso exclusivo. Debemos estar separados y consagrados *por* Dios y *para* Dios.

Convirtiéndonos en sacrificio espiritual vivo

Así que, hermanos, os ruego por las misericordias de Dios, que presentéis vuestros cuerpos en sacrificio vivo, santo, agradable a Dios, que es vuestro culto racional. No os conforméis a este siglo, sino transformaos por medio de la renovación de vuestro entendimiento, para que comprobéis cuál sea la buena voluntad de Dios, agradable y perfecta.

(Romanos 12:1–2)

Cuando ayunamos le presentamos al Señor todo nuestro ser, incluso nuestro cuerpo, como *"sacrificio vivo"*. En el Antiguo Testamento, bajo la ley, los israelitas tenían la costumbre de llevar regularmente sacrificios al templo para que sus pecados les fueran perdonados; de esa manera podían acercarse nuevamente a Dios. Los sacrificios consistían en cierto tipo de animales que eran inmolados. Pero bajo el nuevo pacto, Jesucristo es nuestro sacrificio eterno. Él es el *"Cordero* [de Dios] *que fue inmolado* [en lugar nuestro] *desde el principio del mundo"* (Apocalipsis 13:8). Por lo tanto, nuestro requerimiento sacrificial en la actualidad es presentarnos nosotros mismos, *vivos*, en consagración y dedicación a Dios, y eso incluye el presentarle nuestro cuerpo.

El cuerpo es la caparazón o el lugar donde mora nuestro espíritu —nuestro ser interior, esencial e inmortal—. También es la morada de nuestra alma —que incluye la mente, voluntad y emociones—. Además, el cuerpo del creyente es el *"templo"* donde el Espíritu Santo reside. (Vea 1 Corintios 3:16; 6:19). En Romanos 12:1, la expresión *"sacrificio vivo"* se refiere a adorar a Dios con todos los aspectos de nuestro ser —espíritu, alma, y cuerpo—. Ya que la adoración de todo corazón ocurre cuando se ofrece y se expresa a través de *todas* estas áreas, el cuerpo debe presentarse como un sacrificio vivo junto con el espíritu y el alma. Y una forma importante de hacerlo es a través del ayuno. ¡Cada uno de nosotros debe tomar la decisión seria de presentar regularmente nuestro cuerpo a Dios, como un sacrificio vivo, a través de la oración!

Hoy nuestro requerimiento sacrificial es presentarnos nosotros mismos a Dios, vivos, en consagración y dedicación, y eso incluye presentarle nuestro cuerpo.

Rindiendo nuestro cuerpo

¿Cómo sometemos nuestro cuerpo al ayuno con el fin de buscar de Dios? Este es un desafío, porque el cuerpo siempre quiere seguir los deseos de la carne, los cuales son contrarios a los del Espíritu de Dios. (Vea, por ejemplo, Romanos 7:5; Gálatas 5:16–17). En la Biblia, a la *"carne"* se le llama también *"viejo hombre"* o *"pasiones".* (Vea, por ejemplo, Efesios 4:22; Gálatas 5:24). La carne nunca quiere ayunar porque fácilmente se conforma a los malos hábitos y quiere complacerse en deseos sin restricciones, buscando de continuo más comida, sexo, sueño, etc. Por lo tanto, cuando presentamos nuestro cuerpo como sacrificio vivo, delante de Dios, no solo estamos siguiendo una doctrina, ritual o costumbre religiosa. En realidad, estamos consagrando y dedicando nuestro cuerpo a Dios en una entrega total.

Pablo nos dice que presentar nuestro cuerpo a Dios es un "servicio razonable". (Vea Romanos 12:1 NKJV). Otra traducción de esta frase dice: "servicio y adoración espiritual razonable (racional, inteligente)" (AMPC). Con el requisito de ser un sacrificio vivo, Dios no nos pide que hagamos algo irrazonable o imposible de lograr. Por el contrario, ofrecernos nosotros mismos de esta manera es un acto lógico y racional, basado en lo que Él ha hecho por nosotros. Encontramos una explicación excelente de esto en el diccionario *Vine*: "El sacrificio debe ser inteligente, en contraste con aquellos ofrecidos por ritual y compulsión; la presentación debe ser de acuerdo con la inteligencia espiritual de aquellos que son nuevas criaturas en Cristo y están conscientes de las 'misericordias de Dios'".* Rendimos nuestro cuerpo a Dios como una decisión consciente de nuestra voluntad, en gratitud por Su misericordia y Su gracia en nuestras vidas.

---

* Traducido de W. E. Vine, Merrill F. Unger, y William White, Jr., *Vine's Complete Expository Dictionary of Old and New Testament Words* [Diccionario Explicativo Completo de Palabras del Antiguo y el Nuevo Testamento] (Nashville, TN: Thomas Nelson, Inc., 1996), s.v. "razonable", 509–510.

Dejando a un lado todo peso y pecado

Por tanto, nosotros también, teniendo en derredor nuestro tan grande nube de testigos, despojémonos de todo peso y del pecado que nos asedia, y corramos con paciencia la carrera que tenemos por delante. (Hebreos 12:1)

El *"peso"* mencionado en el versículo anterior se refiere a cualquier peso que nos impida ganar la *"carrera"*; esto es, cualquier obstáculo que nos impida permanecer fieles a nuestra relación con Dios y servirle de todo corazón a lo largo de nuestras vidas. En consecuencia, podríamos aplicar el término *peso* al peso espiritual, emocional, mental o físico en nuestra vida.

Este peso bloquea el libre fluir del Espíritu de Dios. Cuando cargamos exceso de peso, Dios no puede acelerar Su unción en nuestras vidas ni revelar muchos de Sus propósitos para nosotros. (En el próximo capítulo hablaremos más sobre este factor y acerca de cómo librarnos de estos obstáculos). No podemos permitir que el exceso de peso, en algún área, nos impida cumplir con nuestras responsabilidades con excelencia. La vida cristiana es una carrera de larga distancia, que requiere fe y resistencia; por lo tanto, para terminarla bien, nuestro cuerpo debe perder "peso" y no detenernos.

El apóstol Pablo aprendió a poner su cuerpo bajo sumisión y a presentarlo como sacrificio vivo, agradable a Dios. En base a su experiencia, esto es lo que les instruyó a los corintios:

Todos los deportistas se entrenan con mucha disciplina.
Ellos lo hacen para obtener un premio que se echa a perder;
nosotros, en cambio, por uno que dura para siempre. Así
que yo no corro como quien no tiene meta; no lucho como
quien da golpes al aire. Más bien, golpeo mi cuerpo y lo
domino, no sea que, después de haber predicado a otros, yo
mismo quede descalificado.   (1 Corintios 9:25–27 nvi)

La referencia de "golpear" implica el acto de disciplinar nuestro cuerpo para que se someta. En lo concerniente al ayuno, esto significa sacrificar el deseo de comer (especialmente el deseo de comer en exceso) por un periodo de tiempo y evitar ingerir cualquier cosa que pueda dañar el funcionamiento del cuerpo.

El ayuno nos entrena para disciplinarnos. Al ponernos restricciones en nuestro apetito y deseo por la comida, desarrollamos dominio propio. El ayuno nos fortalece para que digamos no a los antojos de la carne y las tentaciones del enemigo.

Las personas que practican el ayuno desarrollan una fuerte disciplina.

Manteniendo el "filo" espiritual

Al ofrecernos nosotros mismos como sacrificio vivo, estamos también siendo capacitados para discernir más en el plano espiritual. Nos identificamos con Dios y recibimos revelación sobre Su naturaleza, voluntad y propósitos. Cuanto más sintonizados estemos espiritualmente, más rápido podemos percibir las realidades en el ámbito sobrenatural. Cuando ayunamos, Dios empieza a afilar nuestra capacidad para ver, oír y discernir esas realidades. Por lo tanto, el ayuno nos ayuda no solo a ganar, sino también a mantener nuestro "filo" en el Espíritu, preparándonos para ser usados para Sus propósitos.

Muchos creyentes han perdido su filo espiritual, y como resultado ahora están operando más en el ámbito natural que en el dominio espiritual. Cada vez que perdemos nuestro filo, tanto nuestra percepción espiritual como nuestra autoridad espiritual se debilitan, y empezamos a funcionar como creyentes nominales; incluso como personas que no creen en Dios ni en Su poder. El ayuno nos lleva a un lugar en el Espíritu donde empezamos a ver una nueva actividad espiritual en nuestra vida; cosas que nunca hemos visto. En los próximos capítulos presentaré más detalladamente ciertos lugares en Dios —ámbitos y dimensiones del Espíritu— a los que no tendremos acceso a menos que ayunemos.

La consagración trae o aumenta la unción

Cuando nos consagramos a Dios como sacrificio vivo, Él trae o aumenta la unción en nuestras vidas. Dios me ha dado una comisión para el ministerio: He sido *llamado a traer el poder sobrenatural de Dios a esta generación*. Por lo tanto, mi convicción es que le debo al mundo una experiencia con el poder del Dios vivo. Cuando veo las necesidades de la gente, eso me inspira y me impulsa a consagrarme a Dios nuevamente, para que mi espíritu, mi alma y mi cuerpo estén dedicados a Él, y sean usados por Él, de la manera que Él desee que yo cumpla esa comisión.

Una vez estaba ministrando en Argentina, y había 27,000 personas en el estadio para una reunión. En el momento que estaba ministrando, el Señor me dijo, "Quiero que hagas un ayuno de cuarenta días. Lo que está a punto de venir a tu vida requiere una transición, y esa es la razón por la que debes ayunar". Hubo un tiempo en que yo no entendía por qué alguien debería hacer un ayuno de cuarenta días, como lo había visto en la Biblia. Después aprendí que el número cuarenta representa cambio, renovación y transición. Hay cosas en nuestras vidas que no cambiarán hasta que ayunemos y oremos. Tal vez Dios no le pida que entre en un ayuno de cuarenta días, pero lo guiará en la duración del ayuno que Él desea, a fin de lograr la transición necesaria para su futuro crecimiento espiritual, unción y servicio.

Muchas personas quieren tomar un atajo al poder de Dios. Quieren el poder, pero no el ayuno. Quieren el éxito, pero no el sacrificio. Pero el verdadero éxito en Dios viene a través de la consagración y el rendirse. Aquellos que ayunan con el propósito de separarse para Dios tendrán poder. ¿Quiere verdaderamente más poder espiritual? Si es así, entonces, comience a ayunar y orar regularmente.

Esta generación busca un atajo al poder, pero no hay atajos, solo entrega y consagración.

La consagración aviva nuestros dones

Así como la consagración aumenta la unción, cuando ayunamos, cultivamos y avivamos los dones de Dios en nosotros.

Pablo le escribió a Timoteo, *"Por lo cual te aconsejo que avives el fuego del don de Dios que está en ti por la imposición de mis manos"* (2 Timoteo 1:6). El verbo griego que en este verso se traduce como "avivar" significa "volver a encender". Otra manera de verlo es como un nuevo despertar o levantarse después de haber dormido.

¿Es posible que una persona tenga la unción y los dones del Espíritu Santo, pero no tenga actividad espiritual en su vida? Sí, es posible. Esto sucede cuando los dones y la unción están inactivos o dormidos. Si este es el caso, necesitan ser activados. A veces permitimos que nuestros dones o nuestra unción se adormezcan, por eso después pasamos por una temporada de sequedad y vacío. Al descuidar o rechazar lo que el Espíritu Santo nos ha dado y no permitir que Él obre en nuestras vidas, podemos "apagarlo". (Vea 1 Tesalonicenses 5:19).

El ayuno es una manera importante de avivar los dones espirituales en nuestra vida.

Puede haber dones espirituales en usted que están inactivos, o dones que el Señor le ha dado que aún no se han manifestado. Necesita despertar cualquier área en su vida espiritual que esté inactiva o adormecida. Es posible que tenga áreas de talentos que nunca habían salido a la superficie, y que el Espíritu Santo quiere activarle. Tal vez usted ni siquiera se ha dado cuenta que están ahí. O quizá ha descuidado el uso de esos dones que antes empleaba con regularidad. En cualquiera de esas situaciones, usted puede avivar o despertar su unción mediante la oración y el ayuno. Cuando ayunamos, los dones que están dentro de nosotros empiezan a ser avivados, incluyendo los dones del Espíritu y los dones para el ministerio. (Vea, por ejemplo, 1 Corintios 12; Efesios 4:11–12). ¡Dios quiere que avivemos esos dones!

La consagración trae la dirección de Dios

Además, consagrarnos a Dios a través del ayuno prepara la atmósfera espiritual para que su Espíritu nos hable y nos guíe. Por ejemplo, cada vez que usted tiene que tomar una decisión difícil o importante, es un buen momento para declarar un ayuno por fe y tomar tiempo para orar y buscar al Señor, porque necesita la dirección del Señor. El ayuno aumenta nuestra sensibilidad a la voz de Dios. Nos permite escuchar Sus palabras con mayor claridad y certeza.

La consagración enoja al enemigo

Tenga en cuenta que cuando ayuna, el enemigo le enviará distracciones a su vida. Provocará interrupciones que involucran personas, lugares y cosas. Por ejemplo, el día que usted empieza a ayunar, ¡puede que alguien venga a ofrecerle su comida favorita! O de repente, puede empezar a sentir un fuerte deseo por un determinado plato que nunca le había llamado la atención. O quizá, un viejo amigo al que no había visto hace tiempo, le llame de sorpresa y le ofrezca llevarlo a almorzar. O cuando está comenzando a orar, reciba varias llamadas seguidas.

Cuando experimente tales distracciones, recuerde que el enemigo intentó lo mismo con Jesús mientras Él ayunaba y oraba en el desierto. En el caso de Jesús, el diablo le presentó varias tentaciones con el fin de evitar que Él permaneciera en la presencia de Dios. El Hijo del Hombre venció todas esas tentaciones que intentaban distraerlo, porque estaba inmerso en la Palabra de Dios y comprometido a obedecer a Su Padre celestial. Después de vencer al diablo, *"Jesús volvió en el poder del Espíritu"* (Lucas 4:14). Fue a las áreas circundantes haciendo que el reino de los cielos venga a la tierra, sanando a los enfermos y expulsando demonios. (Vea, por ejemplo, Lucas 4).

El diablo tampoco quiere que usted ore ni ayune, así que intentará desenfocarlo. El enemigo sabe que usted saldrá del ayuno lleno del poder de Dios, que los miembros de su familia serán salvos, que recibirán liberación en su mente y emociones, y que avanzará en los propósitos de Dios para su vida. ¡Saldrá lleno del poder de Dios! ¿Ahora entiende por qué Jesús ayunó? Durante un ayuno, usted recibe el poder de Dios, porque su cuerpo se consagra a Él, se ofrece a Él, le ministra a Él; y Dios le responde, ya que ve su ayuno como un sacrificio espiritual.

Las personas que no acostumbran a ayunar se pierden las múltiples manifestaciones de la unción de Dios y las muchas maneras emocionantes como Él desea expandir Su reino en el mundo. Cuando yo quiero aumentar la unción en mi vida, proclamo un ayuno y lo sigo, y los efectos son inmediatos. Los milagros y las sanidades ocurren más rápidamente. Las liberaciones son mucho más poderosas. Esos resultados son señales de que la unción ha aumentado. Todos los creyentes necesitamos cultivar la unción en sus vidas a través del ayuno. ¡Empiece a despertar la actividad espiritual en su vida ahora!

La consagración prepara a los creyentes para el ministerio y el liderazgo

Además de su importancia como acto personal de consagración a Dios, el ayuno también es importante en la iglesia, en el proceso de consagración de los creyentes para servir en el ministerio. Antes, vimos un ejemplo de esto en la iglesia en Antioquia. Recuerde cómo los profetas y maestros de esa iglesia oraron y ayunaron, después de lo cual recibieron una palabra específica del Espíritu Santo acerca de un nuevo ministerio de apostolado para Pablo y Bernabé. (Vea Hechos 13:1–3; 14:14).

Además, el ayuno desata la impartición para ordenar líderes locales en la iglesia, cosa que implementaron en su ministerio los apóstoles Pablo y Bernabé, poco después de ser comisionados:

> *Y después de anunciar el evangelio a aquella ciudad y de hacer muchos discípulos, volvieron a Listra, a Iconio y a Antioquía, confirmando los ánimos de los discípulos, exhortándoles a que permaneciesen en la fe, y diciéndoles: Es necesario que a través de muchas tribulaciones entremos en el reino de Dios. Y **constituyeron ancianos en cada iglesia, y habiendo orado con ayunos**, los encomendaron al Señor en quien habían creído.* (Hechos 14:21–23)

Por lo tanto, cuando ayunamos, nos presentamos y dedicamos al Señor, ministrándole a Él con sacrificios de adoración, alabanza y nuestras propias vidas. Si usted desea consagrarse a Dios, o renovar su consagración a Él, empiece por hacer esta oración:

> Dios Padre, hoy me consagro a Ti. Te presento mi cuerpo como sacrificio vivo, como un acto de mi voluntad, para Tu uso exclusivo. Tienes mi atención, Te escucharé y te obedeceré ahora y en los días venideros. Ayunaré, oraré y buscaré Tu rostro. Te pido que me des de Tu gracia para hacer esto fielmente. Quiero ser el vaso que usas para Tu gloria. Ahora mismo, estoy consagrado y dedicado a Ti. Úsame Señor. En el nombre de Jesús, ¡amén!

Testimonios de ayunos de rompimiento

Mi nombre es Carlos, y crecí en medio de una familia cristiana, en Texas, Estados Unidos. Sin embargo, no estaba comprometido con Dios. En la escuela secundaria, no tenía un buen modelo a seguir, y salía mucho a fiestas y bebía. También me había vuelto adicto a la pornografía. Un día fui a un retiro de liberación en el Ministerio El Rey Jesús y allí tuve un encuentro con Dios. Él me dijo: "¡Sabes que estoy contigo! ¡Siempre he estado contigo!" Él me tocó ese día y me dijo que no me preocupara porque siempre estaría allí para mí.

A partir de ese momento, mi vida dio un giro. Fui liberado de todas mis adicciones y dejé de asistir a fiestas mundanas y de beber. Comencé a enamorarme de Dios. Durante mi liberación pude sentir Su abrazo. El Señor había restaurado mi inocencia. Después de ser bautizado sentí una conexión aún más fuerte con Él. ¡Nunca había experimentado algo así!

Un día estaba en una práctica de fútbol cuando alguien me chocó y me rompió la mano. El hueso se rompió desde mi muñeca hasta mi pulgar. En la radiografía, el hueso se veía como un bastón de dulce. Los médicos me dijeron que estaría delicado el resto del año y que tendría que usar un yeso todo el verano. Además, necesitaría cirugía. Por último, me dijeron que nunca volvería a jugar fútbol.

Le dije al Señor que necesitaba sanidad, y oraron por mí, pero no pasó nada. Luchaba con ciertas actividades diarias como escribir o ducharme. Recuerdo haber visto un video en YouTube, producido por nuestra iglesia, sobre un hombre que sufrió un accidente y se lesionó el ojo, pero Dios lo sanó y le devolvió la visión. Ese testimonio me hizo anhelar mi sanidad aún más. Sentí que necesitaba ayunar toda la semana, así que comía una comida al día, alrededor del mediodía, y declaraba la sanidad de mi cuerpo.

Fui a uno de los servicios en mi iglesia, y allí estaba un hombre que había venido de visita desde Alemania, y me preguntó si podía orar por mi mano. Cuando él oró, sentí que mi mano se empezó a poner caliente, ¡y también sentí algo tan increíble en mi corazón! Decidí dar un paso de fe, así que me quité el yeso y toqué mi dedo en la parte donde el hueso se había salido, ¡y no sentí nada! ¡Había recibido mi sanidad! Estaba asombrado; yo decía, ¡es increíble! Sabía que podía recibir sanidad, pero estaba escéptico porque no había sucedido de inmediato. Cuando vi que esto sucedió, supe que Dios es real. Dejé de vivir una vida loca y comencé a enamorarme de Dios y recibir mi sanidad. Él es poderoso; yo simplemente me quedo sin palabras.

5

LOS RESULTADOS DEL AYUNO

¡Fijando todo nuestra atención en Él!

Dios usa el ayuno para que fijemos toda nuestra atención en Él, lo que le permite trabajar en la transformación de nuestra vida. Hay dos formas como esto sucede. El proceso comienza cada vez que nos ofrecemos al Señor como sacrificio vivo, como parte de una práctica regular de ayuno. En ocasiones como estas, deliberadamente quitamos el enfoque de nuestras preocupaciones diarias para poder escuchar Su voz. Sin embargo, Dios puede hacer que fijemos toda nuestra atención en Él aun antes que empecemos el ayuno, cuando enfrentamos una situación difícil que nos impulsa a buscarlo diligentemente en espera de respuestas.

En el libro de Oseas, Dios les dice a los Israelitas, "*Andaré y volveré a mi lugar, hasta que reconozcan su pecado y busquen mi rostro. **En su angustia me buscarán***" (Oseas 5:15). Una crisis capta nuestra atención, haciendo que nos volvamos a Dios. Cuando estamos en tal dilema, nos sentimos obligados a reconocer, "Debo consagrarme a Dios y pedir Su ayuda. No hay otra forma de resolver este dilema". A veces, podemos estar tan fuera del enfoque espiritual debido a las preocupaciones propias de *"los afanes de este siglo, y el engaño de las riquezas, y las codicias de otras cosas"* (Marcos 4:19), o debido a nuestra desobediencia a la Palabra de Dios, que Él permite que una dificultad venga a nuestras vidas. Él no envía crisis, pero las usa para redirigir nuestra atención a Él y llevarnos al próximo nivel espiritual, mientras desarrolla en nosotros el carácter de Cristo.

Una entrada a lo sobrenatural

Nuestra naturaleza humana hace que vayamos en busca de Dios durante el tiempo de angustia. Lamentablemente, luego que termina la aflicción, a menudo nos volvemos indiferentes otra vez. Es por eso que a veces Dios tiene que mantenernos de rodillas. Nuestro Padre desea ayudarnos en toda situación. Sin embargo, más que eso, quiere que entendamos que Él es nuestra única Fuente verdadera y nuestro Liberador; no solo en medio de la crisis, sino en todo momento.

Por consiguiente, a menudo entramos en la realidad de lo sobrenatural como consecuencia de una dificultad que no podemos resolver. Es posible que nunca sepamos cuán poderoso y sobrenatural es nuestro Dios hasta que afrontemos un gran problema y recibamos un milagro en medio de la prueba. De hecho, uno de los propósitos de los milagros es manifestar la naturaleza y el poder de Dios. (Vea, por ejemplo, Marcos 16:20; Hebreos 2:3–4).

Sin embargo, antes de mostrarnos Su poder y provisión, muchas veces Dios usa las crisis para cambiarnos de adentro hacia afuera. Por lo general, durante un ayuno, Él no se revela a nosotros hasta que primero muestra la condición de nuestro corazón, y dónde nos hemos desviado de Sus verdades y propósitos. Por eso, el inicio de un ayuno suele ser la parte más difícil, porque es el momento en que Dios comienza a purificarnos de nuestras debilidades y desobediencias. Estos son los "pesos" espirituales que nos frenan en esa carrera de larga distancia, de la cual hablamos en el capítulo anterior. Veamos los procesos por medio de los cuales Dios nos limpia y arranca todo peso innecesario en nuestras vidas.

El ayuno remueve "contaminaciones"

Cuando ayunamos, Dios remueve las "contaminaciones" espirituales de nuestra alma. Esta necesita ser limpiada porque, con el transcurso del tiempo, se "ensucia" o se "contamina" con atmósferas negativas. Debido a que es expuesta a las influencias del mundo (la mentalidad hostil o indiferente a Dios), el alma acumula impurezas espirituales, la verdad se mezcla y caemos en errores. Por ejemplo, podemos estar contaminados por albergar amargura y falta de perdón hacia un miembro de la familia, un hermano o hermana de la iglesia, o quizá nos contaminamos por pasar mucho tiempo con personas que tienen actitudes negativas. Cuando la contaminación llega a nuestra vida, dejamos de reflejar la naturaleza de Cristo. Pero Dios quiere limpiarnos de toda esa contaminación. Es por medio del ayuno que le entregamos todas esas cosas al Señor. (Vea, por ejemplo, Santiago 4:8).

Cuando ofrecemos nuestras vidas a Dios como sacrificio vivo, nos comprometemos a ponernos de acuerdo con Su mente y a ser obedientes a Su voluntad. A medida que nos hacemos sensibles a Su voluntad y planes, alineamos nuestras vidas conforme a ellos y nos volvemos uno con los propósitos de Dios. Ayudamos a mantener nuestra alma bajo el control del espíritu, y llevamos todo pensamiento errante o desobediente *"cautivo… a la obediencia a Cristo"* (2 Corintios 10:5). Por tanto, a medida que ayunamos, Dios nos dice en esencia, "Antes de revelarme a ti en respuesta a lo que estás buscando, déjame purificarte. Realmente, necesitas verte a ti mismo antes de verme a Mí".

Esto nos obliga a humillarnos ante la presencia de Dios. Cuando lo hacemos, Él comienza a trabajar en nuestro corazón y nosotros volvemos a vivir en la luz. Las personas orgullosas viven en la oscuridad, pero las personas humildes viven en la luz. Las personas humildes también cargan el favor de Dios, porque Su favor siempre está unido a la humildad. Después de humillar nuestras almas en ayuno, ganamos una comunión más profunda con el Padre. Él nos limpia de nuevo a través de Su Palabra (vea Efesios 5:25–27) y Su Espíritu, y nos aparta para Sí mismo una vez más. Recibimos Su unción y Su poder, a fin de estar equipados para servirle.

Durante la primera parte de un ayuno, Dios siempre descontamina y limpia nuestras almas.

El ayuno crucifica la "carne"

Otra forma de remover pesos espirituales de nuestras vidas es "crucificando nuestra carne". Las Escrituras dicen, *"Pero los que son de Cristo han crucificado la carne con sus pasiones y deseos"* (Gálatas 5:24). Como expliqué en el capítulo anterior, la *"carne"* también se conoce como el "hombre viejo" o las "pasiones". Otros términos adicionales incluyen la "naturaleza carnal", la "naturaleza pecaminosa" y la "naturaleza Adánica" (en referencia a la desobediencia de Adán a Dios en el jardín del Edén).

El ayuno rompe el poder de la carne en nuestras vidas muy rápidamente. Esa es otra razón por la que el enemigo detesta que ayunemos. Él quiere que permanezcamos espiritualmente inmaduros e inefectivos. Usualmente, antes de ayunar, nuestra carne tiene más control de nuestras vidas que nuestro espíritu. Por eso, necesitamos salir del ámbito natural y de las obras de la carne. A medida que ayunamos y nos entregamos a Dios, Él empieza a transformarnos y levantarnos. Pablo escribió, *"Porque los que son de la carne piensan en las cosas de la carne; pero los que son del Espíritu, en las cosas del Espíritu"* (Romanos 8:5). *"Así que les digo: Vivan por el Espíritu, y no seguirán los deseos de la naturaleza pecaminosa"* (Gálatas 5:16 NVI).

El ayuno es el arma de Dios para lidiar con la carne.

Cuando vivimos de acuerdo a la carne, no podemos percibir las cosas espirituales (un tema del que hablaremos en el próximo capítulo de este libro). *"Pero el hombre natural no percibe las cosas* que son del Espíritu de Dios, porque para él son locura, y no las puede entender, porque se han de discernir espiritualmente" (1 Corintios 2:14). Por el contrario, cuando ayunamos, el Espíritu Santo se convierte para nosotros en una realidad mayor que cualquier otra cosa en el mundo natural. Con una percepción mayor o elevada del ámbito espiritual, la presencia de Dios se hace más real para nosotros. Además, nos volvemos más conscientes del enemigo y sus esquemas, y de cómo lidiar con él. Esto nos permite estar preparados para cualquier dificultad que se nos presente.

Déjeme preguntarle: Cuando se avecina una crisis personal, ¿qué es más real para usted, la presencia del Espíritu de Dios o el problema? Cuando le ataca una enfermedad o recibe un reporte negativo del médico, ¿qué es más real para usted, el poder del Espíritu o la enfermedad? Cuando una emergencia financiera surge, ¿qué es más real para usted, la prosperidad en el Espíritu o la escasez?

El ayuno pone la carne bajo la sujeción del Espíritu a fin de que el reino de Dios sea más importante y real para usted que las situaciones temporales que enfrenta en la tierra. De hecho, el ayuno le dice a su carne, "¡Cállate! no voy a escucharte. Tú no me dices lo que tengo que hacer; no eres mi jefe; eres mi sierva". A medida que el Espíritu Santo empieza a tomar control de su vida, usted se vuelve más espiritualmente orientado y sintonizado, y esto se refleja en sus pensamientos, palabras y acciones.

Por lo tanto, hasta que el Espíritu Santo y la vida de Dios no se conviertan en nuestra mayor realidad, la carne seguirá dominándonos. Pensaremos, actuaremos y reaccionaremos de acuerdo con el "hombre viejo". La evidencia de nuestra muerte al yo es estar sometidos a Cristo. Esta evidencia se manifiesta, por ejemplo, cuando una persona enojada, desanimada o temerosa, después de haberse rendido a Dios, comienza a vivir en la libertad de la vida en Cristo, exhibiendo el fruto del Espíritu: *"el fruto del Espíritu es amor, gozo, paz, paciencia, benignidad, bondad, fe, mansedumbre, templanza"* (Gálatas 5:22–23).

El ayuno acelera la muerte de la naturaleza pecaminosa. Así que, en cada ayuno que emprenda, ponga atención a cómo Dios está trabajando para purificar su alma y subyugar su carne. Cuando el ayuno se convierte en una parte regular de su vida, usted seguirá viviendo en un lugar de muerte, pero será la muerte a la vieja naturaleza. ¡Así que alégrese! ¡La vida de Cristo está empezando a dominar en usted y triunfando sobre la carne!

Hasta que el Espíritu Santo y la vida de Dios no se conviertan en nuestra mayor realidad, la carne seguirá dominándonos.

El ayuno nos purifica de ciclos y patrones negativos

Asimismo, cuando ayunamos, Dios nos libera de ciclos y patrones negativos en nuestras emociones, procesos de pensamiento, voluntad y acciones. Es posible que usted se sorprenda al descubrir qué ciclos negativos se han establecido en su corazón y en su vida. (Vea, por ejemplo, Mateo 15:18–20). Estos no son problemas ocasionales o que ocurren una sola vez, sino más bien problemas habituales. Algunos patrones dañinos de pensamiento y comportamiento incluyen la ira, el desánimo, la depresión, la amargura, el conflicto, los celos, la duda, la incredulidad, los pensamientos impuros, el temor, la tristeza, la preocupación por la muerte, ataques de pánico, adicciones e inmoralidad sexual.

Todos tenemos patrones dañinos que debemos soltar para convertirnos en aquello por lo que Cristo murió. ¿Con qué proceso de pensamiento negativos está lidiando? Quizá, cada vez que alguien le dice algo como "no eres bueno", usted cae en depresión. O, cada vez que tiene una discusión con su familia, se desanima y se entristece. Quizá tenga cambios de humor o sufra constantemente de miedo, inseguridad o celos. Tal vez se siente atrapado en un patrón de problemas financieros, pobreza o relaciones rotas. Puede que sienta que ha hecho todo lo posible para superar la situación, y nada ha cambiado. Pero ¿ha ayunado usted con ese propósito?

Los ciclos de comportamiento negativo que reaparecen en nuestras vidas, después que pensábamos que ya nos habíamos librado de ellos, pueden ser especialmente angustiantes. Por ejemplo, quizá en un momento dado usted fue liberado de la pornografía o la adicción, pero después de un tiempo volvió a caer en lo mismo o algo peor. Y usted se pregunta, ¿cómo pudo haber pasado eso? Tales ciclos dañinos solo pueden romperse con ayuno y oración.

En mi propia vida hubo ciertos ciclos y patrones que no me gustaban, y le dije a Dios que quería romperlos. Por ejemplo, luchaba con un patrón que se presenta en muchos predicadores: Cada vez que tenía una gran victoria en el ministerio, tanto en los Estados Unidos o en el extranjero, de alguna manera me desanimaba y caía en tristeza. Yo oraba, "Dios, he visto a los ciegos recibir la vista y a los sordos recuperar la audición, pero ahora me siento desanimado". Cuando me di cuenta que éste era un ciclo regular en mi vida, me dije, "Un momento, voy a ayunar para acabar con esto". ¡Y Dios me liberó!

¿Quiere que los patrones negativos en su vida cambien? ¿Está cansado de vivir atrapado en un ciclo destructivo? Los patrones mentales y emocionales, así como los malos hábitos se pueden romper con el ayuno. Si percibe que Dios quiere hacerle notar alguno de esos patrones durante un ayuno, no se desanime. Él quiere que usted reconozca que están allí, y que se rinda al trabajo de limpieza que está haciendo en su vida, para así poder ser libre de ellos. Su alma está siendo afligida, pero recuerde que su espíritu está vivo en Cristo. Y entre más le entregamos a Él nuestros problemas, más de Sí mismo nos dará Él a nosotros.

De manera similar, durante un tiempo de ayuno individual o corporativo, los problemas interpersonales que se habían mantenido enterrados o escondidos —y con los que nunca había lidiado— pueden empezar a salir a la superficie, a medida que Dios nos ayuda y nos confronta respecto a esos problemas no resueltos. He visto muchas veces cómo, cuando empiezo a ayunar, estallan conflictos en las familias, iglesias e incluso en los negocios. Las obras de Satanás son expuestas. Se destapan las buenas y malas motivaciones e intenciones de la gente; y su verdadero corazón es revelado. Veamos un ejemplo. Supongamos que hay alguien contra quien usted ha guardado resentimiento, y en su interacción con esa persona solo ha logrado tolerarla superficialmente. De repente, durante el ayuno, su resentimiento sale a la superficie, y cuando menos piensa se encuentra en medio de una discusión con ella. Así que esté preparado para que salgan a la luz esa clase de problemas, y busque continuamente el perdón, la sanidad y la reconciliación con los demás.

El propósito del ayuno es liberarlo, no dañarlo.

El ayuno remueve piedras de tropiezo

Durante el ayuno, Dios también puede mostrarnos áreas de nuestra vida que son piedras de tropiezo, aunque no sean particularmente un pecado. Por ejemplo, podemos tener preferencias personales que, tal vez sin saberlo, están interfiriendo en nuestra relación con Él. Puede que sea un apego romántico, una actividad superflua, o cierta meta que hemos estado persiguiendo. No podemos permitir que ninguna persona, actividad o proyecto de vida se convierta en un ídolo para nosotros. Dios removerá todo ídolo o hará que pierda importancia para nosotros. Para experimentar la vida verdadera y eterna —ahora mismo, aquí en la tierra— necesitamos más de Dios y menos de nosotros. Por eso, cuando nos consagramos a Dios, tomamos la decisión de renunciar a todo lo que no permite que nos acerquemos más a Él.

Cuando ayunamos, nos comprometemos a darle a Dios más de nosotros mismos y le pedimos más de Sí mismo. Juan el Bautista dijo de Jesús, *"Es necesario que él crezca, pero que yo mengüe"* (Juan 3:30). De manera similar podemos decir, "Quiero que la vida de Cristo se fortalezca más en mí, pero para que esto suceda, mi 'yo' debe disminuir". Como creyentes, siempre deberíamos anhelar exaltar a Jesús por medio de nuestra vida, para que muchas otras personas lleguen a conocerlo y reciban salvación y liberación. El ayuno es una de las maneras más rápidas como podemos morir al "yo"; es decir, morir a nuestro deseo de hacer las cosas a nuestra manera, para hacerlas a la manera de Dios. Él tiene planes maravillosos para cada uno, pero nosotros mismos los obstaculizamos o los demoramos creyendo que sabemos más que Él. Por medio del ayuno, nuestras vidas se someten a Su Señorío.

Cuando el ayuno forma parte de su estilo de vida, usted vivirá en un lugar de muerte continua al yo, y de vida en Dios.

Cuando Dios comienza a mostrarnos y confrontarnos con los problemas que debemos resolver, podemos sentir cómo nos quita algunas cosas importantes para nosotros o que hasta entonces habían definido nuestra vida. Sin embargo, entre más problemas y obstáculos remueve, más nos da de Él y de Sus bendiciones. Las prioridades del mundo temporal se desvanecen de nuestra vista, y podemos enfocarnos más en el reino eterno de Dios.

"*Es necesario que Él crezca, pero que yo mengüe*". Cada vez que usted ayuna, algo dentro de usted morirá, pero algo de Jesús cobrará vida en usted a medida que el Espíritu asume el control.

El ayuno trae nuevos ciclos, patrones y temporadas

El comienzo de un ayuno cumple la función de redireccionar completamente nuestra atención. Así reconoceremos nuestras necesidades y permitiremos que Dios elimine las formas negativas de pensamiento y comportamiento en las que hemos caído; esto incluye los patrones destructivos que debemos romper. Nuestra alma podría haber sido contaminada por atmósferas espirituales de maldad, o haber vuelto a vivir conforme a la carne. Podríamos estar atrapados en ciclos mentales y emocionales dañinos, repitiendo continuamente los mismos patrones y errores, sin entender cómo volvimos a caer y resultamos atrapados nuevamente.

¿Quiere que ocurra un cambio en su vida, o prefiere repetir sus ciclos viejos y patrones de derrota? A menos que tenga una temporada de renovación, esos viejos ciclos se repetirán. Dígase a sí mismo: "¡No más ciclos dañinos en mi vida!" Inicie un ayuno por fe para que esos ciclos y patrones negativos se rompan. Conéctese con otro creyente o grupo de creyentes que puedan orar, ayunar y apoyarlo, hasta que reciba su liberación.

Cuando ayunamos, Dios no solo nos libera de ciclos y patrones negativos, sino que también nos introduce a nuevas temporadas y ciclos espirituales de vida. Estos son tiempos de transformación que nos preparan para lo que Dios quiere hacer en nuestras vidas y en las de los demás. Es posible que haya escuchado a alguien dar un testimonio como: "Ayuné, y Dios salvó a mi familia". Como enfaticé anteriormente, ese tipo de resultados nunca es un "pago" de Dios por el ayuno. Es porque el corazón de la persona que ayunó se alineó con el corazón de Dios, dándole la libertad de moverse a su favor.

Nuestros corazones deben estar preparados para las diferentes formas como el Espíritu se está moviendo. Suponga, por ejemplo, que Dios pone una gran suma de dinero en sus manos con el propósito de hacer Su voluntad en la tierra. Si su corazón no está listo para recibirlo, ese dinero podría alejarlo de Dios en lugar de encaminarlo hacia Su bendición y abundancia. Dios quiere que estemos listos para las mega-bendiciones. Por eso, si queremos entrar en una nueva dimensión, en algún área en particular de nuestra vida, como las finanzas, recuerde que no podremos movernos a esa nueva área a menos que ayunemos y busquemos a Dios al respecto.

Cuánto más ayunemos, más alinearemos nuestro espíritu con la vida de Dios y la actividad del cielo. Si usted quiere ser liberado de la contaminación, los deseos de la carne y los viejos patrones y ciclos; y si desea entrar en una nueva temporada espiritual, repita esta oración en voz alta:

Padre celestial, hoy Te pido que me muestres cualquier forma en que mi alma ha sido contaminada por una atmósfera de maldad. Límpiame y llévame de vuelta a Ti. Voluntariamente crucifico mi carne para poder caminar conforme a Tu Espíritu. Reconozco que aún existen patrones negativos y destructivos en mi vida: emocionales, físicos, mentales y espirituales. [Nombre específicamente todo lo que le venga a la mente]. Líbrame de todos ellos, purificando mi alma y afilando mi espíritu. Permíteme ser sensible a Tu voz. Quita las vendas de mis ojos que me impiden discernir Tus respuestas a los problemas y las crisis en mi vida. Padre, desata una unción fresca en mí. Declaro que este ayuno me llevará a un nuevo territorio, una nueva temporada. En el nombre de Jesús, ¡amén!

Testimonios de ayunos de rompimiento

Mi nombre es Priscilla Rodríguez. Cuando tenía veinte años, pensé que pasaría el resto de mi vida en la cárcel. Me había separado de los caminos de Dios y mi vida estaba muy distorsionada. Las cosas que estaba haciendo solo conducían a la destrucción. ¡Estaba viviendo una vida de pecado! Estando en la cárcel, comencé a ayunar tres días. Mientras leía mi Biblia, Dios me guió a una palabra que decía: "Bástate mi gracia; cuando eres débil, Yo soy fuerte." (Vea 2 Corintios 12:9–10). Cuando fui ante el juez, comencé a declarar esas palabras. Después de haber ayunado y orado durante tres días, el día del juicio fui absuelta de todos los cargos.

Ese día, hice un pacto con Dios de que cuando fuera liberada, acudiría a la iglesia y daría testimonio de Su gloria. En la cárcel, Dios me había permitido orar por otras muchachas que estaban pasando por cosas similares a las mías, y ahora yo soy prueba viviente de Su bondad. Pasaré el resto de mi vida lista para adorarlo, danzar para él y alabarlo por todo lo que Él ha hecho en mi vida.

6

AUMENTANDO SU
PERCEPCIÓN ESPIRITUAL

Hay lugares y ámbitos en el Espíritu a los que solo podremos tener acceso cuando nuestro ayuno y consagración a Dios nos lo permitan. Por ejemplo, algunas personas dicen que jamás han oído la voz de Dios guiándolos o animándolos. ¿Por qué pasa esto? Dios ha preparado poderosas bendiciones para ellos (como lo ha hecho para todos); sin embargo, estas personas aún no se han posicionado para estar en sintonía con Él, a fin de recibir tal revelación. Otros han recibido una palabra de Dios, pero se les hace difícil creer que ésta se cumplirá, porque no han percibido en el espíritu lo que Dios quiere hacer, y cómo Él está obrando en el ahora.

Por ejemplo, imagínese que está pasando por una crisis, y que Dios quiere darle la solución o la salida. Sin embargo, usted no puede ver la respuesta porque está viviendo conforme a la carne, y su visión espiritual está velada. O, suponga que va por la vida por el rumbo equivocado, tropezando y cayendo en los "baches" del camino. Y Dios quiere que usted lo oiga cuando le dice, "Has estado tomando decisiones equivocadas, ¡ahora detente y escúchame!" Pero sus oídos espirituales están bloqueados por un patrón negativo de depresión, por lo que no puede recibir lo que Él le está revelando.

El ayuno y la oración no solo abrirán nuestra percepción espiritual, sino que también acelerarán nuestra capacidad para ver y escuchar lo que Dios nos está comunicando. Lo que antes no estaba claro o era confuso —o nos estaba desviando, debido al engaño— se aclarará cuando Dios purifique nuestras almas y nos acostumbremos a ver y sentir en la dimensión espiritual. El ayuno también puede permitirnos percibir la raíz de un problema, de manera que después vamos a decir, "¿Por qué no vi esto antes? ¡Es tan obvio!" Ha habido ocasiones en las que he buscado a Dios por algo, pero no pude recibir lo que buscaba, incluso después de pasar mucho tiempo en oración. Pero cuando comencé a ayunar, escuché Su voz y recibí la respuesta. ¿Por qué no pude escucharlo antes? Porque mi alma no había sido limpiada y mi espíritu no estaba afilado. El ayuno me preparó para discernir y recibir la respuesta que necesitaba.

Espero que a través del ayuno usted pueda reconocer la necesidad y beneficios de estar limpios de la contaminación de la atmósfera espiritual, de la naturaleza carnal, y de patrones y ciclos negativos. Dios nos llama a ayunar y orar para que podamos enfocarnos en Él y ver más allá del alcance de nuestros ojos físicos. Cuando dejamos de vivir en la realidad temporal de los eventos y circunstancias de la vida, nos sintonizamos más con la realidad de la esfera espiritual. Esto nos permite apartar nuestros ojos de la escasez, la enfermedad o cualquier otra cosa que esté fuera de la voluntad de Dios. Entramos en una nueva temporada en la que nuestro nivel de sensibilidad espiritual se eleva. Nos resulta más fácil discernir Su voz y conocer Sus propósitos e instrucciones para nosotros, y orar de acuerdo con ellos. Nuestras oraciones se vuelven más efectivas. Logramos recibir estrategias divinas e ideas creativas. Desarrollamos mayor receptividad a los movimientos del espíritu; por lo tanto, después que Dios trata con varios asuntos en nuestra vida, Él se revela a Sí mismo y nos muestra Sus caminos. Podemos percibir lo que Él está diciendo sobre las situaciones que estamos atravesando y Sus propósitos para nuestra vida en general.

Entre más sintonizados estemos espiritualmente, más rápido percibiremos lo que está sucediendo en el ámbito espiritual.

Tres clases de visión espiritual

Hay tres clases de visión espiritual que podemos experimentar cuando nos consagramos a Dios en ayuno. La primera es la visión "interior", que es algo que se ve con los ojos de la mente. La segunda es la visión "abierta", en la que usted puede ver algo en la atmósfera física como si estuviera viendo una pantalla de televisión. La tercera son los "éxtasis". Aquí es donde usted empieza a ver el mundo espiritual, como en las visiones espirituales o "trances" (como lo experimentó el Apóstol Pedro en Hechos 10:9–16, o el Apóstol Juan en el libro de Apocalipsis). Este tipo de visión a menudo sucede como si uno estuviera en un estado entre dormido y despierto.

Recuerde que cuando Jesús operaba como ser humano en la tierra, necesitó claridad espiritual en Su mente y corazón antes de confrontar a Satanás en el desierto (o en cualquier otro lugar). Sin embargo, Jesús oró y ayunó no solo por fortaleza espiritual para vencer al enemigo, sino también para estar en comunión con el Padre, recibir revelación, y actuar sobre lo que se le reveló. Por ejemplo, Jesús declaró, "*De cierto, de cierto os digo: No puede el Hijo hacer nada por sí mismo, sino* **lo que ve hacer al Padre**; *porque todo lo que el Padre hace, también lo hace el Hijo igualmente*" (Juan 5:19). Dios desea que nosotros operemos de la misma manera, viendo lo que Él está haciendo en el ámbito celestial, y después haciendo lo mismo en la tierra. Él quiere trabajar a través de nosotros para traer, como una manifestación de Su reino, lo que está en el ámbito eterno hacia el mundo físico.

Un ejemplo excelente de este proceso lo vemos en la vida del profeta Jeremías, quien escribió,

> *La palabra de Jehová vino a mí, diciendo: ¿Qué ves tú, Jeremías? Y dije: Veo una vara de almendro. Y me dijo Jehová: Bien has visto; porque Yo apresuro Mi palabra para ponerla por obra.* (Jeremías 1:11–12)

En respuesta a la pregunta del Señor, "*¿Qué ves tú, Jeremías?*" el profeta respondió, "*Veo una vara de almendro*". La visión espiritual de Jeremías estaba afilada, y eso le permitió ver en el ámbito espiritual lo que Dios estaba haciendo. Él pudo ver lo que Dios veía. Y el Señor le dijo, *"Bien has visto, porque Yo apresuro Mi palabra para ponerla por obra"*. En el original hebreo, la respuesta del Señor es básicamente esta: "Porque has visto bien, aceleraré y pondré por obra Mi palabra".

Hoy, Dios quiere asegurarse de que nosotros estemos viendo lo que Él ve, para que podamos recibir todo lo que Él tiene para nosotros y poder cumplir con Sus propósitos. Yo hago todo lo posible por mantenerme afilado en el Espíritu, para poder recibir las revelaciones que Dios tiene para mí. Por ejemplo, a veces puedo ver cuando algún peligro espiritual se aproxima y lo que debo hacer al respecto; otras veces puedo ver lo que está sucediendo en realidad en la vida de alguien; e identifico, debajo de la superficie, lo que está causando un problema en particular. Para ministrar efectivamente, necesito mantenerme al filo cortante del espíritu. Y el ayuno es una importante forma de mantenerme en esa posición.

Cada vez que podemos ver lo que Dios nos muestra, podemos obedecer Su voluntad, recibir Sus bendiciones y caminar en victoria. Cuando estaba listo para comprar la propiedad donde ahora se encuentra el Ministerio El Rey Jesús, pisé la tierra y vi —en el Espíritu— el edificio que sería usado como santuario, con aulas educativas, salones de consejería y más. ¿Qué hice? ¡Empecé a saltar! Comencé a correr y a repetir, "¡Lo veo!" Y Dios dijo, "Porque lo viste, es tuyo. Lo aceleraré". Él aceleró el proceso para que se completara en menos de dos años y medio. Dios hará lo mismo por usted. Si ve algo en el Espíritu y lo acepta en fe, lo recibirá, y Dios acelerará el proceso.

Le daré otro ejemplo. Durante cinco años oré para que Dios hiciera milagros creativos, como crear órganos nuevos y otras partes del cuerpo en las personas, porque sentí que estaba incluido en mi llamado a ministrar el poder sobrenatural de Dios. Durante un tiempo vi muchas sanidades, pero no fueron muchos milagros creativos. Entonces el Señor me dijo, "Hasta que no los veas, no voy a acelerarlos". Así que comencé a ayunar y, sorprendentemente, vi en el Espíritu el pecho de una mujer que había vuelto a crecer, después de haber sido extirpado quirúrgicamente. Dios dijo, "Lo viste; ahora lo aceleraré". Desde entonces, he visto muchos tipos de milagros creativos en mi ministerio.

Si usted ve algo en el Espíritu y lo acepta en fe, lo recibirá, y Dios acelerará el proceso.

¿Y *usted*, qué ve?

Muchas veces complicamos las respuestas a nuestras oraciones porque no hemos buscado a Dios —ayunando y consagrándole nuestras vidas— a fin de ver lo que Él quiere mostrarnos, y así recibir esa revelación en fe. Dios nos dice, "Estoy listo para responder a tus preguntas y darles solución a tus problemas, desde la semana pasada [o hace seis meses, o dos años], pero no me has prestado atención. Sin embargo, ahora que estás ayunando y orando, podrás entender y recibir Mis soluciones para tu matrimonio, tus hijos y tus finanzas".

Dios tiene respuestas listas para usted. ¿Está *usted* listo para ellas? Déjeme preguntarle: ¿Qué ve con respecto a su familia? ¿Sus finanzas? ¿Sus estudios? ¿La crisis? La condición de Dios para que usted reciba lo que está esperando, o Su condición para acelerar su rompimiento, es que su espíritu esté afilado y enfocado en Él. Dios le dijo a Jeremías, *"Bien has visto"* (Jeremías 1:12). Era como si le estuviera diciendo, "Oh, Jeremías, me estás prestando atención, porque estás viendo lo que Yo estoy viendo, estás percibiendo lo que Yo estoy percibiendo, estás escuchando lo que Yo estoy escuchando". De la misma manera, Dios nos está diciendo, "Si ves y oyes lo que Yo veo y oigo para tu situación, esto es lo que haré".

¿Ha visto su milagro? ¿Ha visto la sanidad de su cuerpo? ¿Ha visto que la hipoteca de su casa ya está pagada? ¡Reconozca que Dios se lo ha revelado! Por ejemplo, suponga que en el ámbito espiritual usted ve crecer su negocio, y le dice a Dios lo que ve; luego, cuando sale, vende ese producto que antes le costaba tanto vender. ¿Por qué ocurre esto? Porque antes lo vio suceder en el Espíritu, y ahora lo ve manifestado en el mundo físico.

¡Creo que hay una aceleración viniendo a su vida! ¡Véala y regocíjese!

La fe tiene imaginación

¿Qué pasa si aún tiene dificultad para ver lo que Dios ve? Necesita aprender a caminar por fe. *"Porque por fe andamos, no por vista"* (2 Corintios 5:7). Vivir conforme a la razón humana puede bloquear su milagro. Sin embargo, cuando usted comienza a vivir de acuerdo por fe, aprenderá que la fe tiene una imaginación capaz de ver y percibir en el ámbito espiritual lo que usted no puede ver en el mundo físico. Esto es lo que algunos llaman una "imaginación santificada". A veces no podemos ver lo que Dios ve debido a la ansiedad que sentimos por las circunstancias presentes, o por temor a lo que pueda pasar en el futuro. El miedo es una distorsión de la imaginación de Dios. Cuando usted teme, imagina cosas que no existen. Sin embargo, usted puede atraer lo que teme y hacer que se manifieste en el mundo material.

Por el contrario, cuando usted ve por fe, ve lo que en la eternidad ya es real, y esa realidad espiritual se puede manifestar en la tierra. Por ejemplo, cuando está orando, de repente puede empezar a ver "fotografías" de algo. Y piensa, *¿Por qué estoy viendo estas imágenes? Es solo mi imaginación.* Pero con la visión espiritual, lo que usted experimenta es la imaginación de Dios, no sus propias ideas. Al comienzo, cuando Dios me llamó a ministrar, veía imágenes espirituales de cosas grandes, me veía predicando en grandes estadios, a miles de personas. Entonces, pensé que estaba loco. No sabía que la fe opera con la imaginación. Sin embargo, Dios me dijo, "Te estoy mostrando lo que vendrá, porque si puedes verlo Yo lo aceleraré".

Así que, no se deje llevar por las malas noticias que ve, oye y siente en la dimensión natural, sino por lo que dice la palabra de Dios, y lo que percibe en el Espíritu. Si ve algo, ¡llámelo! Dígale al Señor, "Dios, estoy viendo algo". Tiene que declararlo. Entonces Dios le responderá, "Yo lo aceleraré". Con nuestra vista espiritual podremos ver que, en Dios, ¡nuestro rompimiento está en camino!

Queda claro que usted empieza a verse a sí mismo caminando por fe, cuando deja de vivir según su vista y sentidos naturales y comienza a vivir de acuerdo con lo sobrenatural. Si camina solo por vista y no por fe, el "super" jamás se conectará con lo natural, con respecto a las personas, circunstancias o cosas. Por eso, termina yendo lentamente por el camino de la vida, y así es como viene el estancamiento. Pero cuando el "super" se ubica por encima de lo natural, ¡las cosas se aceleran!

Si usted quiere abrir su vista y audición espiritual mientras ayuna y se consagra a Dios, repita en voz alta la siguiente oración:

Padre, ¡te necesito! Necesito Tu guía e instrucciones para mi vida. Necesito conocer Tus propósitos para mí y mi familia. Purifica mi alma y abre mis ojos y oídos espirituales. Permíteme ver lo que Tú ves y oír lo que Tú oyes, para poder recibirlo por fe. Haz mi espíritu sensible a las maneras en que Te estás moviendo. ¡Todo lo que vea y oiga de Ti, lo declararé! Sé que la aceleración está llegando a mi vida. En el nombre de Jesús, ¡amén!

Ahora, permítame orar por usted:

Padre, en el nombre del Señor Jesucristo, remueve de los ojos de Tu pueblo cualquier velo o nube que esté cubriendo sus ojos espirituales, y cualquier interferencia que haya tapado sus oídos espirituales. Desato la unción de liberación, removiendo las vendas de sus ojos y todo bloqueo de sus oídos, para que puedan ver y oír como Tú lo haces, y para que puedan discernir con una imaginación santa lo que Tú has preparado para ellos. ¡Todo obstáculo queda eliminado, ahora mismo, en el nombre de Jesús!

Lo animo a orar en el Espíritu, y cuando Dios le muestre una solución o una bendición en el ámbito espiritual, dígalo en voz alta, declárela ¡y recíbala!

Testimonios de ayunos de rompimiento

Mi nombre es Devin Perfumo. Crecí en un hogar bueno, pero aproximadamente a los diez años, me enteré que mis padres se iban a divorciar. Mi padre había desarrollado un problema con la bebida, y cada vez que tomaba, terminaba consumiendo drogas, y mi madre estaba harta de eso. Ella no quería que sus hijos crecieran en ese ambiente. Cuando mis padres se divorciaron por primera vez, no me molestó mucho; pero a medida que pasaban los años y por no tener un padre en casa me quedaba mucho tiempo libre para andar por ahí. Terminé convirtiéndome en un muchacho de la calle que tocaba en una banda. Igualmente, comencé a desarrollar un problema con la bebida, que me llevó a consumir drogas: cocaína y éxtasis.

Un día, cuando vi que a mi alrededor todos mis amigos se estaban drogando, supe que ya había tenido suficiente de ese estilo de vida. Caí al piso de mi habitación y grité: "Dios, no sé si eres real o no, pero necesito saberlo, porque si esto es la vida, no quiero vivirla ni un día más". Necesito que Tú seas real. Una semana después, un evangelista del Ministerio El Rey Jesús se me acercó y me dijo: "No sé por qué, pero te veo en el piso de tu habitación. Clamaste a Dios recientemente y nadie más lo sabe". Además de eso, comenzó a decirme, "Te veo tocando música, te veo en una banda y te veo ayudando a personas que no pueden ayudarte a ti". En ese momento, yo trabajaba con niños autistas, y siempre estaba haciendo programas con ellos. Cuando el evangelista me dijo esas cosas acerca de mí mismo, quedé impactado.

Durante un servicio en la iglesia hubo un momento en que sentí como si un velo cayera de mi cara; como si cien mil libras de peso me hubieran sido quitadas, y empecé a llorar. Eso es lo que realmente cambió mi vida, porque me di cuenta que Dios es real. No es simplemente una religión. Es un Ser real que nos habla. Se deleita en tener comunión y conversar con nosotros. Después de eso, comencé a experimentar realmente la presencia de Dios.

Comencé a orar por mi familia y, después de un par de años siendo salvo, llegué a un punto en el que oraba: "Dios, si me salvaste a mí, puedes salvar a mi familia". Un día, algo sucedió con mi papá, y definitivamente me harté de la situación. Hice un pacto con el Señor de que no comería ni bebería nada hasta que Él hiciera algo en la vida de mi padre. Mi corazón estaba determinado a hacer esto, y oraba y adoraba mientras llevaba a cabo mis rutinas diarias en medio de ese ayuno. Llevaba un día y medio ayunando, cuando el Espíritu Santo me dijo que podía comer de nuevo, me autorizó a terminar el ayuno, y supe que mi oración había sido contestada. Un par de horas más tarde, recibí una llamada informándome que mi padre había sido llevado de urgencia al hospital con fuertes dolores de estómago. Los médicos y las enfermeras estaban preocupados; decían que, si la condición de mi padre era lo que pensaban, no viviría otro día. Mi padre perdía y recuperaba la conciencia, y yo estaba asustado. Pero recuerdo haber sentido al Espíritu Santo conmigo todo el tiempo. Para mí estaba claro que lo que estaba sucediendo era el resultado de lo que había orado y lo que le había pedido a Dios que hiciera.

La condición de mi padre se estabilizó y, un par de días después fue dado de alta del hospital. Luego me enteré de que, mientras yacía en su cama de hospital, había hecho un pacto con Dios de que, si vivía, dejaría de consumir drogas y beber alcohol. Ahora, dos años y medio después, puedo testificar que mi padre está limpio; no ha vuelto a fumar hierba, ni ha consumido cocaína o alcohol. Se hizo cristiano y ha seguido asistiendo a la iglesia. Con frecuencia me llama para orar con él; de hecho, a menudo oramos juntos.

Si Dios no me hubiera revelado Su corazón en oración e intimidad, nunca hubiera conocido Sus planes para mi familia. Pero como lo hizo, supe cómo orar, buscar y empujar en el Espíritu por mi familia. Supe cómo escuchar la voz de Dios para ellos. Ahora están salvos y se han encontrado con Dios. Mi familia, que antes solía llevar a las personas a las cosas del mundo, ¡ahora guían a las personas a las cosas de Dios!

7

EL AYUNO PROVOCA ROMPIMIENTO

A lo largo de este libro hemos visto diversas formas como el ayuno nos lleva a apropiamos de la presencia, el poder y las bendiciones de Dios. En este capítulo, quiero enfocarme en algunos de los problemas más desafiantes y arraigados que a menudo confrontamos, tanto en el ámbito espiritual, mental, emocional o físico; y mostrar como en cada uno de ellos, el ayuno es necesario para lograr el rompimiento.

Las fuerzas demoniacas que operan en el mundo

Como señalé anteriormente, la segunda venida del Señor se acerca, y Satanás ha desatado poderosos espíritus malignos sobre la tierra con el fin de traer confusión, destrucción y un ataque continuo a los creyentes. Estamos contendiendo con seres demoniacos de alto rango que nunca habíamos visto. Entre esas entidades se encuentran los espíritus del anticristo, inmoralidad sexual, rebelión, anarquía, brujería, ocultismo, falsa religión, opresión, intelectualismo y más. El enemigo sabe que se le acabó el tiempo y que será juzgado por Dios; por eso, recorre la tierra obstaculizando a millones de creyentes, poniéndoles limitaciones y barreras con el fin de bloquear su avance en el reino. Por lo mismo, muchos cristianos lidian con crisis, circunstancias abrumadoras y enormes problemas; y desesperadamente necesitan un rompimiento.

Recuerde, un rompimiento es un estallido espiritual repentino que nos empuja más allá de nuestras limitaciones, que nos lleva a la liberación y a vivir sin ataduras. A menos que oremos y ayunemos, no alcanzaremos la victoria frente a esos ataques satánicos. Tenemos que pelear contra ellos en el Espíritu. A medida que ayunamos y tenemos comunión con Dios, Él colocará depósitos de poder en nuestra vida para permitirnos recibir rompimientos.

Los espíritus demoniacos de alto rango no pueden ser vencidos sin oración ni ayuno.

La oración y el ayuno como armas espirituales

Jesús enseñó que el ayuno, en combinación con la oración, es un arma espiritual para pelear contra espíritus demoniacos poderosos. Es importante que leamos el siguiente pasaje bíblico en su totalidad, porque después hablaremos sobre algunos principios clave que contiene.

Cuando llegaron al gentío [Jesús, junto con Pedro, Santiago y Juan], *vino a él un hombre que se arrodilló delante de él, diciendo: Señor, ten misericordia de mi hijo, que es lunático, y padece muchísimo; porque muchas veces cae en el fuego, y muchas en el agua. Y lo he traído a tus [otros] discípulos, pero no le han podido sanar. Respondiendo Jesús, dijo: ¡Oh generación incrédula y perversa! ¿Hasta cuándo he de estar con vosotros? ¿Hasta cuándo os he de soportar? Traédmelo acá. Y reprendió Jesús al demonio, el cual salió del muchacho, y éste quedó sano desde aquella hora. Viniendo entonces los discípulos a Jesús, aparte, dijeron: ¿Por qué nosotros no pudimos echarlo fuera? Jesús les dijo: Por vuestra poca fe; porque de cierto os digo, que si tuviereis fe como un grano de mostaza, diréis a este monte: Pásate de aquí allá, y se pasará; y nada os será imposible. Pero este género no sale sino con oración y ayuno".* (Mateo 17:14–21)

Hay ciertas cosas en su vida por las que puede orar y obtener la victoria con bastante facilidad. Pero otras situaciones son tan difíciles, que no responden a medios ordinarios, como la oración "regular", la consejería o las destrezas médicas. Para superar ese tipo de oposición demoniaca de la cual habla Jesús, que ha echado raíces y se ha convertido en una fortaleza, necesitamos mayor poder en el Espíritu.

Autoridad versus poder

Observe que la liberación del muchacho endemoniado ocurrió instantáneamente, en el ahora: *"y éste [el muchacho] quedó sano desde aquella hora"* (Mateo 17:18). Jesús pudo expulsar inmediatamente al demonio porque Él tenía un estilo de vida de ayuno y oración. Como leemos en Mateo 10:1, antes de ese incidente, Jesús ya les había dado a sus discípulos autoridad para expulsar demonios en Su nombre. La palabra *"autoridad"* en ese versículo, se refiere al "derecho de ejercer poder". Es la misma autoridad que Jesús le ha dado a la iglesia: *"Y estas señales seguirán a los que creen: en mi nombre echarán fuera demonios…"* (Marcos 16:17). La expresión *"en Mi nombre"* significa, "en el poder de Mi nombre", "en la autoridad de Mi nombre", o "actuando en Mi nombre".

En el poder de la autoridad que Jesús les había delegado, los discípulos lograron expulsar demonios, hasta que se enfrentaron a este caso que no pudieron manejar. Cuando le preguntaron a Jesús por qué no habían tenido éxito en esa liberación, Él les respondió:

> *Por vuestra poca fe; porque de cierto os digo, que si tuviereis fe como un grano de mostaza, diréis a este monte: pásate de aquí allá, y se pasará; y nada os será imposible.* **Pero este género no sale sino con oración y ayuno.**
> (Mateo 17:20–21; vea también Marcos 9:29)

Jesús les dijo que había una sola manera de expulsar *"este género"*, refiriéndose a esa entidad demoniaca; que solo había una forma de mover ese tipo de montaña. No dos ni tres maneras, sino *una sola manera*: oración y ayuno. Solo el arma espiritual del ayuno, acompañada de la oración, puede lidiar efectivamente con esto.

Los discípulos tenían autoridad, pero no el suficiente poder para expulsar ese espíritu demoniaco. Eso requiere oración y ayuno. Del mismo modo, para ejercer autoridad espiritual, debemos tener el poder que lo respalde. Si no fuera así, nuestra autoridad sería irrelevante. El ayuno es el lugar donde legalmente logramos obtener y acrecentar el poder sobrenatural en nuestras vidas, con el fin de ejercer la autoridad que Jesús nos ha dado.

En el ministerio de Pablo hubo un incidente, cuando fue confrontado por un espíritu maligno que operaba en una esclava. Pero él no lo expulsó inmediatamente, sino que esperó algunos días antes de hacerlo. Durante ese tiempo, yo creo que él estuvo ayunando con el fin de cargarse del poder espiritual necesario para derrotar a ese demonio.

> *Aconteció que mientras íbamos a la oración, nos salió al encuentro una muchacha que tenía espíritu de adivinación, la cual daba gran ganancia a sus amos, adivinando. Esta, siguiendo a Pablo y a nosotros, daba voces, diciendo: Estos hombres son siervos del Dios Altísimo, quienes os anuncian el camino de salvación. Y esto lo hacía por muchos días, mas desagradando a Pablo, éste se volvió y dijo al espíritu: Te mando en el nombre de Jesucristo, que salgas de ella. Y salió en aquella misma hora.*   (Hechos 16:16–18)

A veces, ciertas personas tratan de expulsar un espíritu maligno, pero éste no se va porque reconoce que esa persona carece de autoridad y poder para darle esa orden. Cuando esto ocurre, el demonio puede volverse contra los que están tratando de expulsarlo. Esto les sucedió a los hijos de Esceva, en el libro de los Hechos. (Vea Hechos 19:14–16). En esa situación, aunque el demonio no reconoció la autoridad de los hijos de Esceva, sí reconoció la autoridad de Jesús y de Pablo, quien ejercía autoridad y poder en el nombre de Jesús. Cuando actuamos completamente bajo la autoridad y el poder del Espíritu, los demonios fuertes o *"los principados y a las potestades"* (Colosenses 2:15; vea también Efesios 6:12) reconocerán nuestra voz de autoridad; tendremos credibilidad ante ellos y nos obedecerán. Podemos decirle a alguien que está poseído por un demonio, "¡Sé libre!" y será liberado. Podemos declarar en alguien que está enfermo, "¡Sé sano!" y la enfermedad se irá. Podemos ordenarle a un obstáculo demoniaco, "¡Te mueves, ahora, en el nombre de Jesús!" y se apartará de nuestro camino.

Para ejercer autoridad espiritual, debemos tener el poder que la respalde.

Problemas antiguos

En un relato paralelo al que aparece en Mateo 17, que citamos anteriormente, Jesús le pregunta al padre del muchacho endemoniado, *"¿Cuánto tiempo hace que le sucede esto? Y él dijo: Desde niño"* (Marcos 9:21). Creo que Jesús indagó sobre la historia de este caso porque quería descubrir el punto de entrada del demonio y su longevidad en la vida del muchacho. No sabemos la edad del joven, pero sí sabemos que el espíritu lo había estado oprimiendo por muchos años, probablemente desde que nació, o quizá desde que estaba en el vientre de su madre. Tal vez por eso el demonio estaba tan fuertemente arraigado.

Si le damos oportunidad, el enemigo echará raíces en la vida de las personas. Y cada vez que una entidad demoniaca establece una raíz, ésta se convierte en una fortaleza. En el mundo natural, una fortaleza se define como "un lugar amurallado que protege contra ataques". Las fortalezas no son fácilmente removidas; se necesita una gran fuerza para hacerlo. Del mismo modo, en el mundo espiritual se necesita mayor poder sobrenatural para demoler fortalezas. Algunas de esas fortalezas pueden ser la duda, la idolatría, la rebelión o el espíritu religioso; también, las desviaciones sexuales o la adicción a los juegos de azar. Puede ser una maldición generacional, que es un problema que se transmite de una generación a otra, de modo que los hijos y nietos de alguien se ven afectados por la misma enfermedad, mala costumbre, vicio o problema con el que su antecesor luchó.

Si está enfrentando un problema con el que usted o alguien más ha venido luchando por cinco, diez, veinte, treinta, incluso cuarenta años o más, usted necesita obtener mayor poder a través del ayuno. Es la única forma de destruir esas raíces profundas. Quizá tome más tiempo de ayuno, pero es necesario, para ver resuelto el problema.

Hoy, Jesús nos está preguntando, como le preguntó al padre del muchacho endemoniado, "¿*Cuánto tiempo…?*" Él no nos hace esta pregunta para obtener información, porque Él ya sabe la respuesta. Más bien, es para ayudarnos a ver lo profunda que es nuestra necesidad. Él está preguntando, "¿Hace cuánto tiempo tiene esta enfermedad? ¿Por cuánto tiempo ha tenido este problema financiero? ¿Cuánto tiempo lleva sufriendo de depresión?

¿Desde cuándo está luchando con ese problema sexual? ¿Hace cuántos años le empezaron los ataques de pánico?" Si lleva mucho tiempo en la misma lucha, usted necesita reconocer que las raíces espirituales negativas están presentes, y debe ser capaz de arrancarlas en el poder del Espíritu para ser libre.

¿Necesita un rompimiento ahora? ¿Hay algo limitándolo o reteniéndolo? ¿Hay algo que le impide avanzar? ¿Su cuerpo está siendo afligido? ¿Está en medio de una guerra espiritual? ¿Está enfrentando una crisis en su mente o en sus emociones? ¿Necesita un milagro? Creo que es tiempo que proclame un ayuno en fe, con el fin de vencer las poderosas fuerzas demoniacas que están operando.

Su espíritu necesita ser expandido, a través del ayuno, para actuar a mayor capacidad, con el fin de dar a luz una victoria extrema e inusual en el ámbito espiritual.

Moviendo montañas

Jesús dijo que, si tenemos fe, podemos mover montañas. Sin embargo, algunas montañas requieren algo más que fe para ser movidas; requieren oración y ayuno. (Vea Mateo 17:20–21). Cuando el enemigo pone una montaña en nuestro camino, es con el propósito de detener el avance del reino de Dios y de Sus hijos. Una montaña puede representar algo que se interpone para que usted no escuche la guía de Dios, no reciba sanidad, no cumpla su propósito, o cualquier otra cosa. A veces, esto toma la forma de un espíritu. La Biblia nos muestra el ejemplo del profeta Daniel quien se humilló a sí mismo e hizo un ayuno parcial de veintiún días, y experimentó la oposición del espíritu de demora (llamado el *"príncipe de Persia"*) antes de recibir su respuesta. (Vea Daniel 10).

Hoy en día, el espíritu demoniaco de demora está haciendo que muchas respuestas y bendiciones que Dios quiere darnos estén detenidas. Debemos humillarnos y comenzar a ayunar y orar, librando una guerra contra esos espíritus. Ellos son responsables de demorar la salvación de su familia, retrasar su prosperidad financiera, detener el avance de su ministerio, e interferir en tantos otros propósitos de Dios. Cuando buscamos el rostro de Dios a través del ayuno y la oración, Él pelea por nosotros. Por lo tanto, si el enemigo está bloqueando o retrasando un área de su vida, declare ayuno y *permita que Dios pelee por usted*. ¡Háblele a ese principado de demora, en el nombre de Jesús, y ordénele que suelte las bendiciones que a usted le pertenecen!

¡Aprópiese del poder!

A menudo, las personas que se enfrentan a fortalezas demoniacas u otras situaciones difíciles, quieren que su pastor u otro líder en la iglesia ore por ellos para traer liberación. Es bueno que los líderes espirituales se involucren en la liberación del pueblo, y algunas veces las personas están tan profundamente afligidas que no pueden hacerlo por sí mismas. Pero es esencial entender que, cuando estén lidiando con ataques y opresiones demoniacas, cada creyente tiene el derecho de orar y ayunar para ser liberado. Uno de los requisitos para recibir el rompimiento es que nos hartemos del problema o la crisis. Si se acostumbró a estar enfermo, si se conformó a su problema financiero, a vivir de cheque en cheque, a no tener paz o al estancamiento espiritual, entonces el rompimiento no vendrá. Necesita negar su carne, declarar ayuno y recibir la victoria. Decídase y diga, "¡Voy a remover todas las montañas de mi vida!" Usted podrá ser libre de opresiones demoniacas que permanecían arraigadas y recibirá el aumento necesario de poder sobrenatural mediante el ayuno, porque la autoridad en Cristo ya la tiene.

Recibamos lo que Dios nos ofrece y no tomemos a la ligera Su presencia y Su poder en nuestras vidas. En lugar de vivir pasando necesidades, sufriendo enfermedades y soportando opresiones, debemos apropiarnos de Su poder, tomando la decisión consciente de recibir lo que Cristo ha ganado para nosotros. ¡Este es el momento de empujar hasta ver un rompimiento a través de la oración y el ayuno! Siempre hay un "loco en la fe" que hace de todo para tomar el poder y la liberación que viene de Dios. Esto fue lo que hizo la mujer que sufría de flujo de sangre durante doce años, quien se abrió paso entre la muchedumbre y empujó hasta poder tocar el borde de las vestiduras de Jesús, recibiendo de inmediato su sanidad. (Vea, por ejemplo, Mateo 9:20–22). Hay personas en mi congregación que de continuo reciben de Dios cuando asisten a los servicios, porque no vienen ocasionalmente y sin expectativas; sino que siempre están alertas para apropiarse de las bendiciones que Dios tiene para ellos.

¡No espere por alguien más para obtener su rompimiento! Empiece haciendo esta oración:

Padre, en el nombre de Jesús, desata sobre mí el deseo de ayunar. Quiero recibir el poder que necesito para superar los ataques de entidades demoníacas de alto nivel y de problemas antiguos que han echado raíces en mi vida, las cuales han crecido profundamente. Cúbreme con la sangre de Jesús para tener protección y alcanzar la victoria contra el enemigo. Oro en el nombre de Jesús. ¡Amén!

Ahora, quiero hacer esta declaración sobre su vida:

Padre, hoy me pongo de acuerdo con toda persona que está leyendo este libro, y declaro que todo ataque demoníaco y cada problema que lleva mucho tiempo operando en su vida está roto. Destruyo cada fortaleza en su mente, en sus emociones, familia, finanzas o cualquier otra área. Rompo toda maldición generacional y todo problema arraigado de inmoralidad sexual, alcoholismo, pobreza, miedo, depresión, brujería, enfermedad o cualquier otra cosa que los esté limitando o deteniendo. ¡Ahora los declaro libres, en el nombre de Jesús!

Hoy mismo, empiece a caminar en el poder y la autoridad de Dios y reciba su liberación. Las cadenas se rompen y las montañas se quitan de en medio, ¡ahora! Una vez que usted haya sido liberado, vaya y libere a otros. Avive los dones del Espíritu Santo y la unción que hay dentro de usted, para sanar enfermos, expulsar demonios y resucitar muertos, en el nombre de Jesús. ¡Amén y amén!

Testimonios de ayunos de rompimiento

Darlise Jackson había estado en remisión de cáncer por dos años, pero el cáncer regresó; tenía tumores malignos en el pecho. El Señor la llevó a ayunar, y ella oró, ayunó y dio ofrendas. Este es su testimonio:

Me diagnosticaron cáncer en el 2014 y, después de someterme a quimioterapia, los médicos dijeron que el cáncer había desaparecido. Sin embargo, la quimioterapia me había enfermado. Los efectos secundarios fueron horribles y tuvieron graves efectos en mi cuerpo. Comencé a asistir al Ministerio El Rey Jesús, en el tiempo en que se estaba llevando a cabo la Conferencia Apostólica y Profética. Decidí leer los libros del apóstol Maldonado y conseguí uno llamado: *Jesús sana tu enfermedad hoy*. Esto fue importante para mí porque, no mucho tiempo después, los médicos me dijeron que el cáncer había regresado y que tenía que volver a las sesiones de quimioterapia. Recibí el tratamiento, pero no funcionó; dos semanas después, me dijeron que necesitaba otra ronda de quimioterapia. Verdaderamente quería estar sana, pero quería que el Señor me sanara, y no estaba dispuesta a comprometer mi sanidad al recibir la quimioterapia. Durante toda esa semana, alabé a Dios tanto como pude y lo adoré con todas mis fuerzas. En medio de la adoración el Espíritu Santo me tomó y comencé a llorar en Su presencia; no podía dejar de hacerlo; y comencé a clamar a Dios. Poco después, me revisé el pecho, pero no pude sentir ningún tumor. Cuando fui al médico me confirmó que ¡el cáncer había desaparecido!

PASOS PRÁCTICOS PARA AYUNAR

Cada uno debe recibir —como revelación— la necesidad, el por qué y el cómo ayunar; de lo contrario no lo practicaremos. ¿Se ha avivado algo en su espíritu al leer este libro? ¿Ha recibido las Escrituras y los principios del ayuno como una revelación personal? ¿Se compromete a hacer del ayuno un estilo de vida para buscar el rostro de Dios, vivir en Su presencia, estar en las primeras filas del mover del Espíritu Santo y caminar en Su poder?

Para ayudarlo en ese compromiso, quiero darle algunos pasos prácticos para ayunar en fe. He estado en el ministerio por más de veinticinco años y, ya que el ayuno se ha convertido en un estilo de vida para mí, las recomendaciones que le doy no solo vienen del conocimiento adquirido, sino de mi propia experiencia, y de ver cómo el ayuno tiene poder transformador. A diario puedo verlo en mi propia vida y en las vidas de muchos otros en nuestra iglesia.

Pasos para ayunar efectivamente

1. Pídale al Espíritu Santo que le dé hambre por ayunar

Primero, pídale al Espíritu Santo que desate en su interior un hambre por ayunar y un deseo por hacer del ayuno un estilo de vida, en lugar de ser solo un "evento aislado" que realiza de vez en cuando, anualmente, o solo cuando enfrenta una crisis.

2. Determine el (los) propósito(s) del ayuno

Determine la razón o razones específicas por las que emprenderá el ayuno. Recuerde que el ayuno trae recompensas, así que sea específico en lo que le pide a Dios. (Vea Mateo 6:18). Después, permítale trabajar de acuerdo a Sus propósitos. Por ejemplo, la razón de su ayuno puede ser acercarse más a Dios, tener mayor intimidad con Él y pasar más tiempo adorándolo y alabándolo. Ayune por salvación, sanidad física o liberación de ataduras y maldiciones que han venido sobre usted a través de sus generaciones. También puede hacerlo para recibir orientación y dirección para su vida, su familia o su ministerio. Puede ayunar pidiendo sabiduría para afrontar una crisis; discernimiento ante una propuesta de negocio; o guía y consejo para llevar una relación. Lo animo a que escriba con detalles sus expectativas. Cuando no esperamos nada, nuestra fe no se activa. Tenemos que vivir siempre a la expectativa para poder recibir.

3. Escoja el tipo de ayuno

Elija qué tipo de ayuno hará: ¿parcial o total? Elija también la duración: una comida, un día completo, tres días, una semana, tres semanas, o el tiempo que usted decida.

4. Prepare su cuerpo para ayunar

Dos o tres días antes de comenzar el ayuno prepare su cuerpo comiendo menos cantidad de lo usual.

5. Declare el ayuno delante de Dios y reciba su recompensa ahora

Ahora que ha determinado el propósito y duración de su ayuno, declárelo en voz alta. Puede decir, por ejemplo:

Padre, en el nombre de Jesús, vengo ante Ti proclamando este ayuno [de un día, tres días, una semana o la duración que haya elegido], [parcial o total]. Te dedico este tiempo, para poder acercarme más a Ti. Declaro que el propósito de mi ayuno es [explique el propósito]. Declaro que a medida que ayuno, se rompen en mi vida patrones falsos de pensamiento, ciclos emocionales y períodos de comportamiento negativos. Declaro que mi percepción espiritual será más aguda y estará más en sintonía contigo. Oigo, veo y percibo en el Espíritu con precisión. Recibo Tu gracia y Tu unción, y el flujo de lo sobrenatural perdura y se sostiene en mí. Proclamo que este ayuno despierta y aumenta los dones del Espíritu en mi vida. Me apropio del poder sobrenatural para destruir raíces y fortalezas del maligno, y declaro un

rompimiento en cada área de mi vida. En el nombre de
Jesús, ¡amén!

Recuerde que Jesús dijo, *"Tu Padre que ve* [tu ayuno] *en lo
secreto te recompensará en público"* (Mateo 6:18). Jesús también
les enseñó a Sus discípulos esto: *"Todo lo que pidiereis orando,
creed que lo recibiréis, y os vendrá"* (Marcos 11:24). Por lo tanto,
asegúrese de darle anticipadamente gracias a Dios por las recompensas de su ayuno. Dígale: "Señor, en fe, recibo Tus bendiciones
y recompensas ahora".

6. Pase tiempo de calidad con Dios

Durante el ayuno pase tiempo de calidad, a solas con Dios,
tanto como le sea posible. Adore al Señor; ore; lea, estudie y
medite en la Palabra; escuche enseñanzas grabadas y música de
alabanza; lea enseñanzas cristianas y libros inspiradores. En su
búsqueda de Dios, el Espíritu Santo le revelará más del Padre,
más de Jesús, más del poder desatado en la cruz y más de la
verdad de las Escrituras. Esta es una oportunidad especial para
tener comunión con Dios. ¡Saque tiempo para eso!

7. Presente su cuerpo a Dios como sacrificio vivo

Como sacerdote, presente activamente su cuerpo ante Dios,
como un sacrificio vivo. Y ore:

Señor, al presentar mi cuerpo como un sacrificio vivo
ante Ti, estoy realizando uno de los sacrificios que le
corresponde a un sacerdote del nuevo pacto. Muero al
"yo". Muero a lo que quiero, a lo que siento y a lo que

pienso, para que la voluntad y la mente de Jesús reinen en mí. Permite que este ayuno acelere mi muerte al yo, para que éste disminuya y Tu vida en mí aumente. Crucifico mi carne. Me rindo y cedo a Tu proceso de limpieza, para que mi espíritu pueda gobernar sobre mi alma y mi cuerpo, y pueda cumplir Tus propósitos para mi vida. En el nombre de Jesús, amén.

8. Pídale al Espíritu Santo que desate Su gracia sobrenatural

Pablo escribió, *"Porque por ahí andan muchos, de los cuales os dije muchas veces, y aun ahora lo digo llorando, que son enemigos de la cruz de Cristo; el fin de los cuales será perdición, cuyo dios es el vientre, y cuya gloria es su vergüenza; que sólo piensan en lo terrenal"* (Filipenses 3:18–19). La carne nos presentará muchas excusas por las que no debemos ayunar. Ésta se enfoca constantemente en los asuntos terrenales y pelea contra la cruz; es decir, se resiste a la abnegación y al sacrificio necesarios para obtener la victoria. La carne no quiere sacrificarse ni esforzarse por andar la milla extra; tampoco quiere hacer la voluntad de Dios.

Por consiguiente, tenga en cuenta que los primeros días de ayuno suelen ser difíciles, incluso si ha practicado el ayuno durante un tiempo. Aunque yo ayuno regularmente, todavía encuentro difíciles los primeros días de un ayuno por la fe. Mi carne dice: "¡Por favor, solo dame un poco de azúcar para seguir adelante!" En el pasado, he tratado de ayunar en mis propias fuerzas y en mi capacidad… y no ha funcionado. Necesito la gracia de Dios para llevarlo a cabo.

La gracia es dada a los humildes, y es recibida por fe. Cuando nos humillamos, Dios nos permite perseverar en el ayuno. (Vea Santiago 4:6). La gracia sobrenatural nos da la capacidad de hacer lo que no podemos hacer en nuestras propias fuerzas, y de ser lo que no podemos ser por nuestra cuenta.

Por ejemplo, supongamos que usted se propone ayunar, pero luego termina comiendo. Probablemente se sentirá culpable y querrá alejarse del Señor. Sin embargo, si eso le sucede, solo dígale a Jesús que lo perdone, y pídale Su gracia sobrenatural. Exprésele que no puede ayunar en su propia capacidad: "Señor, sabes que quiero comer mi comida favorita hoy. Te pido que me des Tu gracia sobrenatural para no hacerlo. Quítame el hambre y ayúdame a enfocarme en el propósito de este ayuno".

Mientras tanto, asegúrese de mantenerse alejado, tanto como le sea posible, de lugares donde pueda ver y oler la comida; no se ponga en una posición en la que se sienta tentado a comer o beber algo de lo que se había propuesto abstenerse durante el ayuno.

Además, recuerde que en un ayuno soberano, a menudo sucede que Dios le quitará el apetito cuando Él le pida que comience a ayunar. Una vez, Él me pidió que entrara en un ayuno de veintiún días para desatar la unción de resurrección en mi ministerio, y sentí que ese ayuno me resultó fácil. ¿Por qué? Porque cuando Dios llama a ayunar, le da la gracia sobrenatural para hacerlo en la fuerza del Espíritu Santo. Por lo tanto, mantenga la intimidad con el Padre a través de la oración, y pídale Su ayuda. Él le empoderará para hacer lo que no podía hacer por sí solo.

9. Elimine las distracciones

El ayuno es un tiempo de consagración y separación para buscar el rostro de Dios. Como señalé anteriormente, el enemigo sabe que su ayuno traerá un gran rompimiento en su vida y en la de otros; por eso, pondrá delante de usted distracciones y tentaciones para hacerlo perder el enfoque y que deje de ayunar. Por lo tanto, elimine o evite las distracciones que obstaculizan su intimidad con Dios; por ejemplo, evite ver televisión, navegar por internet y conectarse a las redes sociales. Apague su teléfono durante su tiempo de oración y haga una pausa temporal en su vida social.

10. Espere algunos síntomas físicos y emocionales

Espere ciertos síntomas físicos y emocionales que surgen normalmente. A medida que se eliminan las toxinas y las grasas acumuladas en su cuerpo, es probable que experimente dolores de cabeza, dolores corporales, mal aliento, incluso vómitos. Cuando aparecen esos síntomas, generalmente le indican que el cuerpo se está limpiando. Además, puede sentirse cansado o irritable. Pídale al Espíritu Santo que lo ayude a soportar. Comúnmente esos síntomas duran entre uno y tres días, y luego se van.

Tal vez usted ha ayunado antes y ha luchado por dejar, por ejemplo, el café, porque si no lo toma le da dolor de cabeza. A mí antes me pasaba, pero desde que decidí no aceptar que ningún tipo de comida o bebida sea mi señor —solo Jesús—, eso ya no me ocurre; por el contrario, forma parte de mi consagración a Él. Como mencioné antes, en tales situaciones, usted puede admitir su necesidad de Dios y pedir Su gracia para que Él le ayude.

11. Haga el ayuno completo

Es obvio que el ayuno espiritual no es solo un acto físico, sino que tiene un significado mucho más profundo. Esto lo expresa claramente Dios a través del profeta Isaías en el siguiente pasaje:

> *¿No es más bien el ayuno que yo escogí, desatar las ligaduras de impiedad, soltar las cargas de opresión, y dejar ir libres a los quebrantados, y que rompáis todo yugo? ¿No es que partas tu pan con el hambriento, y a los pobres errantes albergues en casa; que cuando veas al desnudo, lo cubras, y no te escondas de tu hermano?* (Isaías 58:6–7)

Cuando esté ayunando, piense en las necesidades de los demás, tanto como en las suyas. Cumpla sus responsabilidades con su familia, dé a los necesitados, libere a los oprimidos, ofrézcale esperanza a los desanimados y aliente a los temerosos.

El ayuno ayuda a que nos hagamos más conscientes de las necesidades de otras personas. Es más, solo cuando hemos discernido a través de la oración los problemas y dificultades de nuestra generación, podemos consagrarnos totalmente a Dios para ser usados a fin de ministrar a quienes tienen esas necesidades.

Además, sin el poder de Dios, es imposible resolver los problemas de la humanidad.

La generación actual necesita a Dios desesperadamente, pero carece del poder para superar sus muchos problemas. Durante el ayuno, pídale a Dios que le muestre el panorama general de Sus propósitos para el mundo: ¡las personas de esta generación necesitan conocer a Dios y consagrarse a Él! Una vez más, pídale a Dios que desate en usted un hambre por ayunar, para que pueda avanzar en su caminar cristiano, llevando las buenas nuevas del evangelio de Jesucristo a otros ¡y llevando sanidad y liberación donde quiera que vaya!

12. Prepárese para entregar el ayuno

Al finalizar el ayuno, evite los alimentos fuertes que pueden caerle mal al estómago. Es aconsejable comenzar con pequeñas cantidades de alimentos ligeros, poco a poco; comenzando con frutas, como uvas, bananos y melones, que son fácilmente digeribles. Esta precaución es necesaria, especialmente después de ayunos largos, porque después de un ayuno, las enzimas en nuestro cuerpo no están preparadas inmediatamente para procesar alimentos sólidos.

Aunque nuestra prioridad cuando ayunamos siempre es buscar la presencia de Dios, en el proceso, podemos ver una diferencia en nuestro cuerpo, nuestro espíritu y nuestra alma. Por ejemplo, como mencioné anteriormente, dependiendo de la duración del ayuno, el cuerpo puede limpiarse de toxinas y hasta experimentar pérdida de peso.

Si bien esa no es la razón del ayuno espiritual, es un resultado positivo para muchas personas, ya que las hace sentir mejor, mejora el rendimiento de su cuerpo y reduce los efectos nocivos de la obesidad. Como resultado de la desintoxicación, nuestras actitudes y emociones pueden mejorar radicalmente. El ayuno también fortalece nuestro *"hombre interior".* (Vea Efesios 3:16–17). Una vez que nuestras emociones están sometidas al Espíritu, se vuelven más estables, y esto nos capacita para vivir en un mayor nivel de unción. Debido a que la carne está puesta bajo sujeción, nos resulta más fácil vivir en el Espíritu.

Haga del ayuno un estilo de vida

Como lo enfaticé al comienzo de este libro, estos son *"tiempos de la restauración"* (Hechos 3:21). Dios está llamando a Su pueblo a que vuelva a ayunar, a orar y a buscar Su rostro. Decida hoy hacer de la oración y del ayuno un estilo de vida para usted. Haga conmigo esta declaración:

Padre celestial, a través del ayuno y la oración, presento mi cuerpo delante de Ti como un sacrificio vivo y santo. Hoy tomo la decisión de hacer de la oración y del ayuno parte de mi estilo de vida.

ACERCA DEL AUTOR

El Apóstol Guillermo Maldonado es pastor principal y fundador del Ministerio Internacional El Rey Jesús (King Jesus International Ministry), en Miami, Florida, una iglesia multicultural, considerada entre las de más rápido crecimiento en los Estados Unidos. El Rey Jesús, está fundamentada en la Palabra de Dios, la oración y la adoración, y actualmente tiene una membresía cercana a las diecisiete mil personas. El Apóstol Maldonado es padre espiritual de 338 iglesias esparcidas a través de Estados Unidos, Latinoamérica, Europa, África, Asia y Nueva Zelandia, las cuales forman la Red del Movimiento Sobrenatural (antes llamada la Red Apostólica Vino Nuevo), que en conjunto congregan más de 600 mil personas. La formación de líderes de reino y las manifestaciones visibles del poder sobrenatural de Dios distinguen a este ministerio, cuya membresía constantemente se multiplica.

El Apóstol Maldonado, uno de los autores de mayor éxito en ventas a nivel nacional, ha escrito más de cincuenta libros y manuales, muchos de los cuales han sido traducidos a diferentes idiomas. Entre sus libros más recientes con Whitaker House podemos citar, *Oración de rompimiento, Cómo caminar en el poder sobrenatural de Dios, La gloria de Dios, El reino de poder, Transformación sobrenatural, Liberación sobrenatural,* y *Encuentro divino con el Espíritu Santo,* todos los cuales están disponibles en español e inglés. Además, él predica el mensaje de Jesucristo y Su poder de redención, a través de su programa internacional de televisión, *Lo sobrenatural ahora* (*The Supernatural Now*), el cual se transmite a través de las cadenas TBN, Daystar, Church Channel y otras cincuenta cadenas de TV, alcanzando e impactando potencialmente más de dos mil millones de personas alrededor del mundo.

El Apóstol Maldonado tiene un doctorado en consejería cristiana de Vision International University y una maestría en teología práctica de Oral Roberts University. Actualmente vive en Miami, Florida, junto a Ana, su esposa y socia en el ministerio, y sus dos hijos, Bryan and Ronald.